部下を育てるPDCA

業務指示・指導・OJT

株式会社エイチ・アール・ディー研究所 吉岡太郎

同文舘出版

はじめに──初めて上司になる皆さんへ

　本シリーズ"部下を育てるPDCA"は、組織の大小を問わず、初めて部下を持つようになった方、あるいは、初めてではないけれど、体系的に上司としての仕事を学んでみたいという方向けに書かれています。

　シリーズ2冊目の本書では、「上司になる≒部下に仕事を任せる」という考えのもと、いかにしてうまく、そして確実に部下に仕事を任せ、完遂していくかに焦点を当てています。

　しかし誰かに仕事を任せる、というのは実は上司と部下との関係のみに限定されるものではありません。「子供におつかいをお願いする」なども立派な"仕事を任せる"行為です。そのように捉えると組織の中では、先輩が後輩にちょっと仕事をお願いする、ということもあるでしょうし、また、アルバイトやパート活用が業務遂行のカギとなる業種では、たとえ新入社員でもアルバイトやパートに"仕事を任せ、完遂していく"ことが求められます。

　初めて上司という立場になった方だけでなく、自分以外の誰かに"仕事を任せ、完遂していく"ことが役割上求められる、すべての人に役立つ内容としてまとめてあります。

　任せることになる業務について、試行錯誤しながら精通するまでに至った方にとっては、自分以外の誰かにその仕事を任せること自体が、大きなストレスになることがあります。なぜならその場合、任せる相手よりもあなたの方が、ほぼ間違いなくその仕事をうまく、早く、確実にできるからです。

　しかし、あなたがそうであったように、ビギナーは組織の中で成長の機会を得て、徐々にベテランとなっていきます。そしてあなたもまた"他人に仕事を任せる"ビギナーからベテランになっていくことで、組織としてより大きな、価値のある仕事を成し遂げられるようになっていくのです。

　ところで、なぜ他人に仕事を任せることは面倒で、困難が伴うのでしょ

うか？ 究極の答えとしては、とてもシンプルで「その相手は、自分とは違うから」に尽きます。

- その仕事に関しての経験や習熟度が違う
- 前提として必要な知識やスキルが違う
- 性格や、興味や、関心事が違う
- そもそも仕事や生き方に対する価値観が違う

　本書の全体の構成としては、仕事を任せ、途中経過を見守り（必要ならば）指導し、完了を確認し、成長へとつなげる、という時系列順に業務指示、指導、OJT の章を配置してあります。

　仕事を任せられる部下から見ると、仕事を任せられた時に、段取りを考え（Plan）、途中でいろいろありながらも仕事を進め（Do）、仕事を完了させ、振り返り（Check）、自分の成長につなげる（Action）ということになりますから「部下の PDCA を、あなたがどのようにサポートするのか」という構成です。

　それぞれの章について、あなたとは違う相手に対して、どのようにして"仕事を任せ、完遂していく"のが効率的・効果的かについて、体系的に、豊富な事例も含め解説してあります。

　各章はそれぞれ独立しているので、興味がある章から読み始めることもできますが、自然な理解を期待するなら、ページ順に読み進めるのがよいでしょう。

　また、理解を深め、実践につなげるためにワークシートやケーススタディーが準備されている項もあります。すぐに例を見るのではなく、できれば書き込んだり、「自分ならこうするかな」と少し考えをまとめてから先に進むことをお勧めします。

■本シリーズ「部下を育てる PDCA」とは

　Plan-Do-Check-Action の頭文字を取った、業務改善のための有名な手法

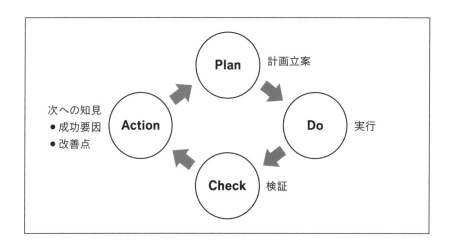

が"PDCA"です。

　まず計画を立案し（Plan）、計画通りに実行（Do）します。そして、計画通りできたかどうかを検証（Check）し、次への知見（Action）を残していきます。改善点の洗い出しのみを知見と考える方も多いですが、成功した要因も重要な知見となります。

　株式会社エイチ・アール・ディー研究所では、さまざまな業種・職種・職級の研修を実施しています。研修の前後では、実際にビジネスパーソンが現場でどのように業務を遂行しているのかという言動データを1万件以上収集し、データベース化しています。それらのほとんどは「このようにしたので、うまくいった」や「このようにやりたかったが、うまくいかなかった」という生々しい情報です。

　"部下を育てるPDCA"は、こうした言動データをPDCAの観点で検証し、世の中に多く存在するマネジメント／リーダーシップ／コミュニケーションなどの理論から、上司の皆さんにとって効果が高く実践しやすい内容を厳選し、お届けするシリーズです。

■自習教材、自己啓発としての本書の活用について

　本書は要所要所にさまざまなシート類が付記されています。それらは、

実際に書き込めるようデザインされています。

　通常、本というメディアは読んで終わり、ということが多いかもしれませんが、より深い理解、皆さんの実務への活用という観点では、どんどん自分の考えや、皆さんの部下を思い浮かべた計画などを書き出し、また、それを準備として実際の業務指示・指導・OJTの場面で試してみることをお勧めします。

　このような、上司に求められる技術はスポーツと同じで、本で読んだだけでできるようになるものではなく、自分で試してみてコツをつかみ、練習によってうまくなるものです。シート類は繰り返し使いたいということであれば、ダウンロードしたワークシートを使い、原本は白紙で残しておくのもよいでしょう。ぜひ活用して実務に活かし、部下育成そして成果につなげていただければと思います。

■研修等での本書の活用について

　本シリーズ"部下を育てるPDCA"では、「オープンテキスト」として、通常は著作権の項目として禁止されている、ワークシートの複製や、講師の読み上げ（口述）、必要な部分のスライド化などを、所有者に対して「営利目的」であるかどうかを問わず、その利用を許諾し、研修などでも活用できるライセンスがついています。

　また、ストーリーに当たる部分については、YouTubeを通じ、個人あるいは研修などグループで、同内容の動画の視聴が可能で、より現場でのイメージがつくようなサポートも行なっています（個人の方でもイメージ動画を視聴することにより、より深い理解が得られることと思います）。

　さらに、本書の中では最低限しか触れられていない、講師のための研修ガイドもダウンロードによって詳細情報を得られ、社内講師でもプロ並みの研修が開けるようになっています。

　　　　　　　　　　　　　　　　株式会社エイチ・アール・ディー研究所
　　　　　　　　　　　　　　　　　　　　　　吉岡　太郎

読者限定

"部下を育てる PDCA" シリーズ

サポートホームページ
http://www.hrdins.co.jp/bspdca/

☑ 本書ストーリーを再現した動画
☑ 本書ワークシートのダウンロード
☑ 研修用スライド、講師ガイド

『部下を育てる PDCA　業務指示・指導・OJT』　目次

はじめに──初めて上司になる皆さんへ

1章
仕事の任せ方の基本
── 組織目標の達成だけでなく、部下の成長を支援する

1. 上司になるということ≒部下に仕事を任せること　012
2. 仕事を任せる上での考え方　016
3. どんな仕事を任せるか？　018
4. 誰に任せるか？　022
5. どのように任せるか？　028
6. 任せた後の仕事と部下の成長支援　030

   ストーリー 初めての業務指示・指導・OJT　032

   ストーリー うまくいかない指導　034

   ストーリー うまくいかないOJT　035

2章

業務指示

1. あなたが指示を出すメンバーはどのような人かを把握、整理する　040
2. 任せる仕事の判断は、仕事の効率と部下の成長を天秤にかける　044
3. 仕事の中での成長とは　046
4. 人によって異なるモチベーションが上がるツボ　050
5. 業務の指示内容を整理する　054
6. 業務指示のためのさまざまな方法とそれぞれのメリット・デメリット　058
7. どのような言葉や説明で伝えるのが最も効果的か考える　062
8. 進捗管理のやり方は、指示の中に含める　066
9. 確認をもって、指示は完了する　070

ストーリー 業務の指示　073

3章

指導

1. 仕事の支援と成長の支援は切り離して考える　080
2. 上司の忙しさが"指導のポリシー"に与える影響　082

3 　部下の能力やレベル、特性によって
　　"指導のポリシー"を最適化する　　086
4 　仕事の支援の基本はロジカルな問題解決　　088
5 　人と問題を切り分ける　　096
6 　問題への対処の場面こそ
　　"請け負って"上司の器を見せるチャンス　　098
7 　行動や習慣を変えるための行動分析　　100
8 　自分から報告・相談しに来る部下に育てる秘訣とは　　104
9 　"遅刻が多い"はメンタルが弱まっているサインかも　　112
10 　好ましい指導でパワーハラスメントのリスクを避ける　　114
11 　指導の効果は、"どんな指導をするか"ではなく
　　"信頼されているか"に左右される　　116
12 　メンバーが大切にしている価値観をあなたは大切にしているか　　120
13 　仕事と成長を支援する指導プロセス　　122

　ストーリー　指導　　127

4章

OJT

1 　"進捗確認なしでも期限内に完了できる"を最初の目標にする　　134
2 　OJTとは"振り返り"で仕事の中から学ばせること　　138
3 　OJTのための経験学習のプロセス　　140
4 　"できる"が"やろうとしない"こともある　　146
5 　「できる」「やりたい」を支援するフィードバック　　150
6 　"フィードバック＝嫌な場"になっていませんか？　　154

7	質問は情報収集のためだけでなく"自覚させる"ため	156
8	期待するレベルに達していなくても、感謝の言葉はかけられる	158
9	何も"できるようになっていない"なら、それはあなたの責任	162
10	プラスのフィードバックをした後に、次への希望を聞く	164

ストーリー OJT　168

5章 さまざまな相手への業務指示・指導・OJT

1	新人〜「答えがほしい」イマドキの若手に〜	176
2	ベテラン〜できるつもりが落とし穴〜	180
3	異性のメンバー〜セクハラだけでない注意点〜	182
4	年上の部下〜プライドとモチベーションをマネジメントする〜	184
5	部外メンバー〜どこまで言っていいか迷ったら〜	186
6	外国人メンバー〜意外なところにカルチャーギャップがある〜	188

ストーリー エピローグ　190

6章

まとめ

1 あなたの部下への業務指示・指導・OJT に役立てるために　　194

巻末付録

研修ガイド

1 社内研修等で利用するために　　206

装幀　二ノ宮 匡（ニクスインク）
本文 DTP　マーリンクレイン
執筆協力　吉野 明日香

1章

仕事の任せ方の基本
――組織目標の達成だけでなく、
部下の成長を支援する

1 上司になるということ ≒ 部下に仕事を任せること

　上司の仕事は究極的には"部下によい仕事をしてもらう"ことにあります。自分ですべてやってしまうなら、部下は必要ないわけですし、部下がいるということは、何か指示して、あるいは依頼して、やってもらう仕事があるということです。

　それでは、"部下がよい仕事をしてくれなかった"場合、どうなるでしょう？　それは部下の責任でしょうか？　通常の組織では、そのようなことはありえません。部下に指示し任せた仕事は"あなたの仕事"の一部であり、その仕事はあなたの責任下にあります。

　それが、上司と部下という関係です。そのため、上司によっては「まだ安心して仕事を任せられない」といって、自分で仕事を抱え込んでしまう人がいます。しかし、そうしてばかりいると、部下に「安心して仕事を任せられる」時はやって来ません。

　適切に仕事を任せてもらえなかった部下は成長の機会を失い、上司はいつまでも自分で仕事を抱え込むか、結局、不安なまま仕事を任せることになるかのどちらかです。

　一方、上司の中には"任せ上手"ともいうべきタイプの人もいます。そのような上司のもとにだけ優秀な部下がついている、というわけでもないようです。

　当然、初めは"安心して仕事を任せられる"状態ではないこともあるでしょう。しかし、部下に任せられるだけ仕事を任せ、自分の仕事を減らしていくことで、部下はどんどん任せることのできる領域を広げていき、また多くの仕事を任せられるようになる、という好循環を生み出しています。

　あなたは仕事を任せるのと抱え込むのとでは、どちらの傾向があると思いますか？　簡単なチェックシートを用意しました。試してみましょう。

仕事を任せる／抱え込む

あなたが仕事を任せる／抱え込む傾向をチェックしてみましょう。

〈A〉
- ☐ 頼むより、自分がやった方が早い仕事は、自分でさっさと済ませてしまう。
- ☐ 人にお願いした仕事が遅かったり、仕上がりに不満があるとイライラする。
- ☐ 本当は任せたい仕事は多くあるが、安心して任せられるだけの実力が部下にない。
- ☐ 上司としては、重要な仕事はすべて見届ける気概がないと責任感があるとは言えない。

チェック数　A…　☐

〈B〉
- ☐ 任せた仕事の管理に時間がかかっては本末転倒なので、細かく口出しはしない。
- ☐ 自分がやるのが最速かよりも、自分がやるのが最善かを考えて、依頼するかを決めている。
- ☐ 自分の時間を確保するためには、他人に仕事を任せた結果、多少待たされても仕方がないと割り切れる。
- ☐ 任せた仕事が多少不完全でも、任せた側の責任なので、とりあえずお礼は言う。

チェック数　B…　☐

A － B　＝　☐

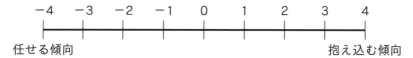

いかがだったでしょうか？
　抱え込み派のあなたも、できることなら部下に仕事を任せたいと思っているのではないでしょうか。そして、任せ上手なあなたも、なぜ、あなたが任せ上手なのかがわかれば、より確実に、より多くの仕事を任せられるようになるでしょう。

　本書では、仕事を任せる時に必要なポイントと"なぜ"を、仕事を任せ、途中経過を見守り（必要ならば）指導し、完了を確認し成長へとつなげる、という時系列順に業務指示、指導、OJTの章で解説していきます。

　「名選手、名監督にあらず」という言葉があります。また、「名選手、名コーチにあらず」という言葉もあります。同じような意味で使われることが多いようですが、厳密に考えると意味合いは全く異なります。平たく言えば、監督は"組織として結果を出すことが求められる"役割ですし、コーチは"結果を出せる個人を育てる"役割です。
　監督には、組織として結果を出すという責任があり、個人として結果を出せないメンバーを入れ替える権限を持っています。一方、コーチは組織の結果責任は問われませんが、個人の結果が出ない時にメンバーを選び直す権限はありません。
　その観点からすると、企業などの組織の中の上司の多くは「部下を選び直すことはそうそう許されないが、組織としての結果は出さなくてはいけない」という、監督ともコーチとも少々立ち位置の異なる、なかなか難しい立場にあるといえるでしょう。
　実は、多くの任せ上手な上司は、そのような"与えられた組織の目標"を、必ずしも優秀な人ばかりとは限らない部下たちと共に、継続的に成し遂げていく達人でもあります。
　組織の目標は年々高くなっていくのが常ですから、当然、その継続的な達成のためには、部下個人の成長が不可欠です。
　つまり、適切な業務指示、指導、OJTを行なうことで、部下個人が成長

し、あなたの"任せる"力も向上します。それにより、組織の仕事の目標達成／成功がもたらされます。そして、成長を実感することで、部下もあなたもモチベーションが維持／向上し、さらなる高い目標達成／成功を目指していく、という理想的なサイクルを回していくことができるようになるでしょう。

【さらなる高い目標／成功のためのサイクル】

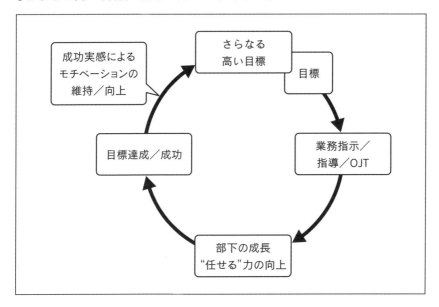

本書は読み物だけでなく、各章に多くのチェックシートやワークシートが準備してあります。単に内容を理解するというだけでなく、1つでも2つでも実践していただくことで、部下と共に成功と成長を喜び合える、上司としての喜びの実感につながればうれしく思います。

2 仕事を任せる上での考え方

　最近では新入社員を育成するプロセスの中で、先輩社員を仕事の指南役――メンターとして指名し、新入社員の育成と共に、メンターとなった社員の管理スキルを向上させる施策を取り入れる企業も多くなってきました。

　そのようにして指名されたメンターの社員に「メンターとしての仕事をすることでのメリットは？」と訊ねると、「コーチングなどの対人関係能力の向上の機会になる」という答えと共に「自分の仕事の棚卸しができる」ということをメリットとして挙げる場合が多いのです。

　全くその通りで、"仕事を任せる"ということは、その任せる仕事そのものをよく理解しておく必要があるのです。また、あなたがそれまで経験で積み重ねてきた仕事を、一度、見直し、分解し、改めて理解し直すことで、人に任せる以前に、もっとよい仕事の進め方――改善された業務プロセスに気づくチャンスでもあります。

　そのことは、個人の仕事だけでなく、組織全体の仕事でも同じことが言えます。ですから、新しく仕事を任せることができる機会が巡ってきた時は、一度、仕事全体を見直し、今の仕事のやり方が最適なのかを考えてみるとよいでしょう。

　次に、あるいは平行して、任せる相手である部下やメンバーの特性について整理する必要があります。上司として、部下の今できること、今後できるようになってほしいこと、得意なこと、不得意なこと、やりたいこと、やりたくないことなどについて、考えてみましょう。

　その上で「この仕事を、この人に任せる」ということを決めるわけです。
　もちろん「新しくこんなことが得意なメンバーが入ってくるので、仕事の進め方や役割分担をこのように変えよう」という順で考えを進めること

もあるでしょう。いずれにしても「どんな仕事を、誰に」ということを、それぞれ全体を俯瞰した上で決めていくとよい、ということです。

ITなどのプロジェクトで仕事をした方なら、「なんだ、プロジェクトマネジメントと同じじゃないか」と思われたかもしれません。プロジェクトマネジメントでは、タスク分析をして、そこにリソース（人）を割り当てていきます。人に仕事を任せるというのは、まさにプロジェクトマネジメントの考え方と同じなのです。

このような考え方は、言われれば当たり前のことなのですが、実際はそれまで誰かがやっていた仕事を、他の誰かに任せ直すだけの"役割の再配置"だけで済ませてしまうことが往々にしてあります。すでにマニュアル化、規格化された仕事であれば、そのような再配置だけでよいかもしれません。しかし、めまぐるしく変化するビジネス環境において、そこで生き残っていこうとすればするほど、常に変化に敏感になり、仕事を最適化していくことが求められるでしょう。

さて、どんな仕事を、誰に、ということが決まったら、もうひとつ、"どのように指示・依頼の説明をするか"もしっかりと準備する必要があります。間違った指示では間違った結果しか得られませんし、単なる間違いのない説明よりも、もっとモチベーションを上げる言い方があるかもしれません。

【仕事を任せる上での考え方】

- どんな仕事を任せるか？
- 誰に任せるか？
- どのように任せるか？

まずは、この3つの観点でポイントを解説していきます。

3 どんな仕事を任せるか？

　前述した通り、仕事を任せるためには、仕事の全体像をよく把握した上で、その一部を切り出していくことが求められます。この時の考え方には、時系列的分割と機能的分割の2種類の方法があります。
　まずわかりやすいのは、自分は"どんな順序で"仕事をしているのか、を考えることでしょう。
　例えば、営業担当であれば、お客さまへの初期のコンタクトがあり、訪問での商談があり、見積りなど書類のやり取りがあり、契約後は納品や、フォローなどの仕事があるでしょう。
　また、システム開発であれば、上流工程と呼ばれる仕様を決定するステップがあり、仕様通りに開発していくステップがあり、それらをテストしていくステップがあるでしょう。このような、時間的な流れの中での分割を"時系列的分割"と呼びます。

　一方、時系列的には順不同だが、どちらも自分の仕事であるというものもあります。いわば自分は"どんな種類の"仕事をしているのか、という切り分けです。
　例えば、営業であれば、Aというお客さまの対応と、Bというお客さまの対応というものがあるでしょう。
　人事の仕事であれば、給与関係の仕事と、採用の仕事というものであったりします。このような、時間的には平行、あるいは順不同のものの分割を"機能的分割"と呼びます。
　実際には、Aというお客さまの対応の中に、時系列的なプロセスがありますし、Bというお客さまの対応も同様ですから、時系列的分割と機能的分割の組み合わせで、仕事の全体像が把握できることになります。

【時系列的分割・機能的分割】

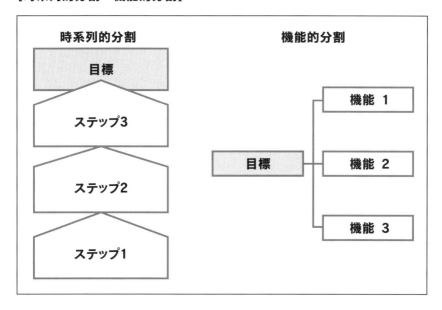

　そして、そのように細かく分割した一つひとつは、難易度、重要度、専任度が異なります。

　つまり、簡単に誰でもできるものとプロとしての技が必要なもの（難易度）、失敗が許されるものとそうでないもの（重要度）、あなたにしかできないものと他の人でもできるもの（専任度）が、まちまちであるということです。

　これは個人の仕事だけでなく、組織の仕事にも当てはまります。

　一般的には、難易度や重要度が低く、専任度の低いものを新しい人に担当してもらい、難しく、重要で、その人しかできないというものは、他の人には任せないと考えるのが普通です。

　ただ、「（あなたも含む）○○さんでないとできない」という仕事が組織の中に多くあると、万が一のことを考えた時にリスクが大きいともいえます。いずれかのタイミングで、その人しかできない理由を洗い出し、情報共有やスキルの習得などを行なう必要があるでしょう。

例えば、営業ならば、新担当と顧客との信頼関係の構築などを行ない、うまく引き継いでいくということになります。

このように時系列的分割と機能的分割の考え方で、あなた、あるいは組織の仕事全体を分割し、それぞれについて難易度、重要度、専任度を考えておくことで、任せる仕事を的確に選び取ることができるようになります。

時系列分割と機能的分割を使って、もう少し具体的に考えてみましょう。例えば、旅行代理店の仕事を分割すると、次のようになります。

【仕事の分割（例）】

時系列的分割 →

機能的分割 ↓

法人営業
- 既存客対応
    訪問 → 提案 → 受注 → 手配 → フォロー
- 新規開拓
    訪問リスト作成 → 訪問 → 提案 → 受注 → 手配 → フォロー

窓口業務
- 来店客対応
    ヒアリング → 提案 → 受注 → 手配
- 店舗管理
    (a) POP等作成 → ディスプレイ変更
    (b) 清掃

📖 仕事の分割

あなたの管理下の仕事には、どのようなものがありますか？ 時系列的分割と機能的分割を組み合わせて書き出してみましょう。

→ 時系列的分割

↓ 機能的分割

4 誰に任せるか？

　仕事の全体像を把握しておくと同時に、仕事を任せることになる相手を把握しておくことも、とても重要です。新しく配属されることになる新人がいるという場合は、その1人について考えることになりますし、年度の初めなどで、組織の仕事を最適化のためにもう一度見直すという場合は、組織に所属するメンバー全員について考えることになります。

　まず、仕事を任せるわけですから、仕事に関しての経験や、知識、スキルの有無や、レベルについて把握する必要があります。新人であっても、それまでの経験や研修などで学んだこともあるかもしれませんから、知識やスキルが全くないものと考えるのは早計でしょう。

　また逆に、すでに○○のエキスパートと認められている人は、意外に"それ以外のこと"について忘れられがちです。ずっとその部署で経理を担当してきた人が、"それ以外のこと"ができないというわけではありません。大学時代の活動でポスターなどを作る経験があって、意外と商品を説明するためのアピール文を作るのがうまい、という可能性もあるはずです。

　短期間の成果を考えるなら、分割された仕事をそれぞれ得意な人に分担してもらうのが、最も効率的・効果的ですが、得意＝やりたいではないこともあるので、注意が必要です。「得意なことを活かして仕事をしたい」という場合と、仕事の範囲を広げるために、むしろ「得意の範囲外にあることに挑戦したい」という場合があるでしょう。それは同じ人の中でも、時期によって変化することがあります。

　経験や知識、スキルは、病院のカルテのように過去から積み上がっていくものですが、「やりたいかどうか」は体調のように、その時々によって変化します。

「やりたい仕事」は任せやすいものですが、「やりたくない仕事」を任せるのには工夫が必要になってくるでしょう。

また、本人の希望だけでなく、組織の期待というものを考慮しなければいけないこともあります。まだ駆け出しのメンバーであれば「早く一通りの仕事を経験させて、一人前になってほしい」ということもあるでしょうし、仕事がどんどん増えているシステム関連の会社であれば「プロジェクトリーダーを任せられる人材を多く育てたい」という期待がある場合もあります。

誰に任せるかを考える時の観点を3点にまとめると、次のようになります。

【誰に任せるかを考える時の観点】

- 経験／知識／スキルの有無やレベル
- やりたい／やりたくない領域
- 組織（あなた）からの期待

これらの点について、メンバーそれぞれについて整理しておけば、分割されて全体像が把握できた仕事をうまく当てはめて"今、仕事を回していくのに最適な役割分担"を考えやすいでしょう。

また、"今後の3〜5年を見据えた上で、世代交代がはかれる仕事の配置"の計画なども、やりやすくなることでしょう。

【練習】任せる仕事を考える

下記のケースで、あなたなら、どんな仕事を誰に任せますか？ 26ページのワークシートを使って、考えてみましょう。また、あなたの部下についても同様に、任せる仕事を考えてみてください。

あなたは、老舗の金属素材メーカーの広報部門の課長です。

あなたの課では、さまざまな印刷物を制作するのがミッションになっています。その中でも、とりわけ大きな仕事は、新卒採用のための会社案内の冊子の制作、株主ほか関係者向けのCSRレポートの制作、そしてお得意さまや関連会社に配るためのカレンダーの制作の3つです。

新卒採用のための会社案内では、金属素材メーカーというと、マイナーでカタいイメージになりがちなので、若い人にもより身近なものに感じてもらう工夫が必要になってきます。かといって、あまりに実態とは異なる情報が伝わってもいけないという難しさがある仕事です。

CSRレポートは内容が多岐にわたる上に、さまざまな人が細かく数字を読むこともあるため、間違いが許されないプレッシャーのかかる仕事です。

この2つに比べると、カレンダーの制作は会社の事業とは最も縁遠いものです。ですが、意外に楽しみにしている人が多く、担当者の自由度は高い反面、大きな変化があるとすぐに「前の方がよかった」などとクレームの声が上がるやっかいな仕事です。

あなたはこの3つの仕事を、部下3人にうまく任せていかなくてはいけません。

赤井さんは、この部門一番の古株です。あなたよりも長く広報部門に在籍しており、この3つの仕事をすべて経験していて頼りになる存在です。直近は新卒採用のための会社案内に携わっていました。年齢のギャップもあり、紙面がどうなるのか心配な面もありましたが、ふたを開ければ、これまでの単なるキャッチーなだけのものとは違い、メッセージ性があり誰をも惹きつける内容でした。さすが赤井さんの作るものは違うと評判を得ています。

青柳さんは新卒で広報部門に配属され、5年目になります。本人の希望もあり、4年間カレンダー制作の仕事を任されていました。実はカレン

ダー制作は、作ることより配ることが大変で、事前に関連会社や工場も含め、希望部数を集めておき、その集計結果から印刷部数を決め、さらにそれらの配送の手配をする、という手間ひまのかかる仕事です。青柳さん自身も「カレンダーは作るのは楽しいけど、配るのはしんどい」と言っているくらいです。

　黄瀬さんは、今年3年目の社員で、広報部門にこの4月に入ってきました。あなたの見立てでは段取りがうまいだけでなく、メールや電話でのコミュニケーションもそつがなく、この仕事に向いていると思っています。本人の希望での広報部門への異動で、その動機はさまざまな部門と関われるから、とのことでした。

　あなたは、それぞれの仕事の難易度、重要度、専任度を考え、また、各部下の能力や希望も考慮しながら、どの仕事を誰に任せるかじっくり考えることにしました。

業務	難易度	重要度	専任度

名前	経験／知識／スキル	本人の希望

名前	担当案	組織からの期待

【例】任せる仕事を考える

業務	難易度	重要度	専任度
新卒採用向け会社案内冊子	中	中	中
株主・関係者向けCSRレポート	高	高	高
お得意様・関連会社向けカレンダー	中	低	低

名前	経験／知識／スキル	本人の希望
赤井	古株。3つの業務とも経験済み。直近は会社案内を担当。	ヒアリングが必要。
青柳	5年目。本人の希望でカレンダーを4年間担当。	ヒアリングが必要。
黄瀬	3年目、本人の希望で広報配属。段取りがよい。コミュニケーションにそつがない。	他部署との関わりに興味がある。

名前	担当案	組織からの期待
赤井	カレンダー	黄瀬の会社案内制作と、青柳のCSRレポートのサポートをして指導力を身につけてほしい。
青柳	CSRレポート	スキルアップを考え、数字に基づいた自社の魅力をアピールできるようになってほしい。
黄瀬	会社案内冊子	コミュニケーション力と、年齢の近さを活かしてほしい。

※あくまで考え方の例のため、これが正解というわけではありません。さまざまな考え方があります。

5 どのように任せるか？

　仕事をどのように任せるかについては、さまざまなやり方があります。マニュアル・規格化された仕事で、手順書がしっかりと準備されているものであれば「ここに詳しく書かれているから、その通りに進めてもらえれば大丈夫。質問があれば、相談してほしい」とだけ伝える、というやり方も考えられるでしょう。

　しかし、相手が全くの初心者だったらどうでしょう？　手順書に書いてある言葉の意味が、すでにわからないかもしれません。
　また、仕事の内容がそれほどマニュアル・規格化されていないものだったらどうでしょう？　例外事項が起こるべくして起こり、当るも八卦、当らぬも八卦の、行き当たりばったりの判断がなされることになるかもしれないのです。
　しかも、日本人の場合は説明してくれる人への遠慮から、「だいたいわかったかな？」と聞かれた時に、「○○がよくわからなかったんですが」と、本当のところを申し出るのは心理的抵抗感があるようです。なぜなら、それは「私が現時点でよくわかっていない」ということを伝えるのではなく「あなたの伝え方が悪くて、私が理解できていない」ということを言っているのと同じになってしまうからです。

　もちろん、任せ方に問題があれば、結果も問題があるものにならざるをえません。
　任せられた方が途中でやり方がわからなくなって、頻繁に質問に来て、あなたが仕事にならないかもしれません。これはまだいい方で、質問にも来ずに作業がストップしていて、締切間際に「実は全然終わっていません」

ということが発覚するかもしれません。その尻拭いをするのはあなたです。
　最悪のシナリオは、仕事が終わるには終わっているものの、全く見当違いの仕事をしてしまった時です。やり直す時間もムダですが、自分がせっかくやった仕事について、意味がなかったと感じてしまったら、その気持ちのダメージは計り知れません。

　一方、それほど細かく指示をする必要はないのに、あれこれ注文をつけて、仕事が始まる前から相手のやる気を失わせてしまう、というパターンもあります。

　うまく任せることで、しっかりと仕事をしてもらえるというだけでなく、やる気を持って、満足感や充実感を伴って仕事をしてもらえるようになります。
　「言い方ひとつ」という言い回しがありますが、ちょっとした工夫で仕事の質が変わるとしたら、それをやらない手はありません。
　このように、どんな仕事を任せるか、誰に任せるか、どのように任せるかを、きっちりと考えて仕事を任せていくことで、あなたや組織の仕事をより効率的・効果的に進めることができるようになるでしょう。

6 任せた後の仕事と部下の成長支援

　ここまで、業務指示に関してのポイントをかいつまんで説明してきました。もちろん、うまく指示できれば、あとはいつでも部下がうまくやってくれるというわけではありません。

　そもそも完璧な指示はないですし、部下がどこでつまずくかについて、あなたが常に予測するのは難しいことです。また、指示はよかったとしても、さまざまな想定外のことが起きて、修正を余儀なくされることも往々にしてあるでしょう。

　したがって、任せた仕事の進み具合について、あなたが気にかけ、その時々の判断で支援を行なえるようにしておく必要があります。

　ここでも適切な支援というものが存在します。心配だからといって、あまりに頻繁に進捗確認や横やりが入っては、相手から「そんなに信頼されていないのか」と思われて、せっかくのやる気を削いでしまうかもしれません。かといって、途中の支援もなく、締切間際に「あの仕事はどうなっている？」と確認だけしたら、怠慢だと思われて、リーダーとしての信頼を失ってしまうかもしれません。

　王道のやり方としては、その仕事のあなたから見た重要度や、任せた相手にとっての難易度を考慮に入れて、指示の時点で支援の約束をし、進捗を確認するスケジュールを決めてしまうことです。プロジェクトマネジメントの世界で"コミュニケーションプラン"と呼ばれるものと同じです。それにより、相手への信頼を示しつつ、計画的に支援をすることが可能になります。

　さらに、仕事の完了後の、フォローのコミュニケーションも大切です。

特に、その仕事を通じて「部下に成長してもらいたい」と考えて任せたなら「どのように成長したか」を部下が自覚できるようにしてあげる必要があります。

一般的に日本人は自分を過小評価しがちで、"できないこと"についてはよく目がいくものの、"できること"や"得意なこと"は人から言われて初めて気がつく、という傾向があるようです。

また、成長を期待するタイプの仕事でなくとも、任せた仕事が期待通りの品質（あるいは量）だったかについては、常にフィードバックが必要です。

任せた仕事が期待通りのものであったら、それを"当たり前"のものとせず、臆せず感謝を伝えるのはよい習慣です。それにより、部下の仕事への達成感、満足感を支援し、ひいてはあなたへの信頼感につながるでしょう。

もし、期待通りでなかった場合は、何が、どのように、期待と異なっていたのかを明らかにし、それを部下に自覚させなければいけません。そうでないと、いつまでも不安定な品質の仕事しかできるようにはならず、あなたも安心して仕事を任せられるようにはならないでしょう。

次にあなたから任せられた仕事を「しっかりやろう」と思うかどうかは、このフィードバックにかかっているといえるのです。

> **ストーリー** 初めての業務指示・指導・OJT

　天王寺さんは春に辞令が下りて営業マネージャーになったばかりです。今までも営業パーソンとして後輩を助けてきたつもりですが、これで名実ともに3人のチームメンバーを抱えるリーダーです。
　天王寺さんには営業としての仕事はもちろんのこと、メンバーのマネジメントや、全社的な役割が求められるようになりました。

　ある日、天王寺さんに「CS向上プロジェクトメンバー推薦の依頼について」というメールが届きました。
　CS向上プロジェクトは、組織横断型の全社プロジェクトで、毎年メンバーの入れ替わりはあるものの、何年も継続されているものです。天王寺さん自身も、過去に上司に推薦され、参加経験があります。
　メールは、各部署からメンバーを推薦してほしいという内容でした。自分も人を推薦するような立場になったんだなと、天王寺さんは感慨深い気持ちでいっぱいになりました。
　天王寺さんの下には、営業8年目の中堅である福島さん、5年目の若手の桃谷さん、新卒で営業2年目になったばかりの野田さんの、3人がついています。ぱっと思い浮かんだのは桃谷さんの顔でした。
　「よし、桃谷で」
　天王寺さんは桃谷さんを推薦すると返信しました。

　数日後、桃谷さんが慌てた様子で天王寺さんの席にやってきました。
　「天王寺さん『CS向上プロジェクト』のメールがきたんですが、これ、なんですか？　オレを推薦？」
　天王寺さんはCS向上プロジェクトについて、桃谷さんに一声かけておくのを忘れていました。
　「ああ、悪い悪い。ちゃんと説明していなかったな。プロジェクト自体が毎年あることは知ってるよな？」

「ええ、なんかやって、なんか発表するやつですよね」
　桃谷さんも全社プロジェクトで「CSの何か」をやっているということは知っていました。
　しかし、突然来たメールの内容は「メンバーに推薦されたから、第一回の会議に参加するように」というものだったので、慌てて天王寺さんに確認に来たのです。
「まあ、概ねそういうことだ。とにかくCS向上につながる取り組みを、よろしく頼むぞ」
　天王寺さんはなるべく重々しい感じになるように言いました。
「これ、毎回行かなきゃいけないんですか？　大事なアポが入っちゃったら、どうすれば……？」
「大事なアポが入っちゃったら、そりゃ業務優先だろ。ま、うまくやってくれ」
「……はい」
　天王寺さんの当たり前だろという雰囲気に、桃谷さんはホントかなぁと思いましたが、営業の業務が立ち行かなくなったら、CSも何もあったものではないのだから、それでいいのだろうと思いました。

ストーリー うまくいかない指導

　桃谷さんがCS向上プロジェクトのメンバーになって、数カ月が過ぎました。
　メールチェックをしていた天王寺さんが、ため息をつきました。
「なんだ、なんだ、参ったなぁ。おい、桃谷」
　声をかけられた桃谷さんは、こわごわと席までやって来ました。
「はい。なんですか？」
「なんですか、じゃないだろ。例のプロジェクト、最初に行ったっきりで全然行ってないそうじゃないか。やる気ないのか？」
　何かお客さまからクレームか、トラブルでもあったかとドキドキしていた桃谷さんは、何だそんなことかと少しホッとしました。
「やる気って……、いや、毎回、行きたいのはやまやまなんですが、大事なアポが入っちゃって。天王寺さんも業務優先だって……」
　桃谷さんにしてみれば、元々やる気があってCS向上プロジェクトに入ったわけではありません。
「うまくやってくれと言っただろ。いくらなんでも、毎回休むのはダメだ。こっちに文句が来るんだから。ちゃんと出席するように」
「はい……」
　とりあえず毎回休むと上司に怒られるということはわかったので、次からはちゃんと出席しようと桃谷さんは思いました。

ストーリー うまくいかないOJT

　半年が過ぎ、CS向上プロジェクトの発表が行なわれました。天王寺さんは大切なお客さまのアポイントメントが入ってしまい、発表会を見ることはできませんでした。
　当初は欠席ばかりしていた桃谷さんも、一度注意してからは特に何かを言われることもなかったので、きちんと役割を果たしていたのでしょう。
「桃谷、昨日はどうだった？」
「どうだったって、何がです？」
　突然話しかけられた桃谷さんは、首をかしげています。
「CS向上プロジェクトの発表だったんだろ。せっかくの桃谷の勇姿を見たかったところだけど、重要なアポが入っちゃったからな」
　その話かと、桃谷さんは面倒くさそうな顔になりました。
「まあ、ぼちぼちですよ」
「そうか、ぼちぼちか」
　桃谷さんは天王寺さんの方をろくに見もせず、忙しそうにパソコンを操作しています。
「いずれにしても、来年はもっと仕事が忙しくなりそうだし、次は野田にお願いしますよ」
「そうだな……」

解　説

　このケースは、CS向上プロジェクトという組織横断型のプロジェクトが題材です。これは部門の通常業務とは別に発生したものです。

　まず、誰に任せるかという点について、天王寺さんは思いつきで桃谷さんを推薦することにしています。桃谷さんについて、経験／知識／スキルについて考慮したり、本人のやりたい／やりたくないといった希望を考えている様子はありませんでした。また、組織（天王寺さん）からの期待として、どのようなことがあるかもわかりませんね。
　桃谷さんに推薦したことも伝えておらず、桃谷さんは会議への招集メールが突然来て驚いていました。桃谷さんにしてみたら「なんで俺が？」「何をすればいいの？」という気持ちだったのではないでしょうか。
　それに対して「よろしく頼む」という表面的な指示を天王寺さんはしています。通常の業務との兼ね合いについての質問には「業務優先」「うまくやれ」と、おおざっぱな答えをしています。
　その結果、桃谷さんはCS向上プロジェクトの重要性や、どのように部門の代表として貢献すべきかを理解せず、通常業務を優先してしまいます。
　「桃谷さんが欠席ばかりしている」というクレームのメールが来て事態を知った天王寺さんは、桃谷さんに指導をしました。しかし、その内容は「やる気ないのか？」「こっちに文句が来るんだから、出席するように」というものでした。
　桃谷さんは怒られないようにしようと思ったようです。このような指導では「やる気」は上がらないでしょう。上司として適切な支援だったといえるでしょうか？
　プロジェクトの発表会については、天王寺さんなりに気にかけてはいたようです。それまでの天王寺さんの指示や指導によって、桃谷さ

んは一応やるべきことはやったのでしょう。けれども「ぼちぼち」という自己評価にとどまっており、面倒な仕事をやっつけたというような気持ちになっているかもしれません。

　もし、天王寺さんが「部門の代表として、全社的にも重視しているCS向上のための活動に参加してほしい」「それによって、桃谷の社内の人脈作りや、お客さまへのよい製品・サービスの提供につながる」というように期待やメリットを伝えて指示していたら、どうなったでしょう？　また、プロジェクトの進捗を随時気にかけ、部門としてサポートしていきたいと指導していたら、どうなったでしょう？

　桃谷さんは、よりプロジェクトに貢献できたでしょうし、本人もプロジェクトを通して成長することができたのではないでしょうか。

2章

業務指示

1 あなたが指示を出すメンバーはどのような人かを把握、整理する

　1章では、あなたの仕事を分析し、どんな仕事を任せるかについて整理をしました。また、誰に任せるかについても、経験／知識／スキルの有無やレベル、やりたい／やりたくない領域、組織（あなた）からの期待という、3つの観点があることをお伝えしました。

　本章では、あなたが指示を出す部下がどのような人であるかを把握、整理する方法をより深く見ていきます。

　まず、経験／知識／スキルの有無やレベルについて考えましょう。

　経験は、どんな職種で仕事をしたことがあるのか、その職種の中でどんな役割だったのか、どんなプロジェクトに、どんな立場で参加したことがあるのか、などがあります。注意事項としては、"今の仕事に関係のない経験"も一通り列挙しておくことです。

　経験が列挙できると、その中で使ったことがある／使えるようになった知識やスキルを列挙しやすくなります。あなたもその仕事の経験があって、どんな知識やスキルが必要なのか見当がつく場合はよいですが、そうでない時は本人に聞いてしまう方が早いかもしれません。

　今の仕事に関係のない知識／スキルも列挙したり、他にも得意なことはないかなどを、念のため確認したりしておくとよいでしょう。

　次に、やりたい／やりたくない領域です。

　これは普段の様子でわかる部分もあるでしょう。注意したいのは、必ずしも「得意だからやりたい」あるいは「不得意だからやりたくない」ではないということです。

　特にビジネス環境の変化が激しい昨今では、1つのキャリアに依存する

リスクが盛んに喧伝されています。少し前に「ニューヨーク・タイムズ」紙で、キャリアの研究者であるキャシー・デビッドソン氏が「今の小学生が成人になる頃、その65％は現在存在しない仕事に就くだろう」という主旨のことを語り、話題になりました。

新しい仕事が生まれるということは、これからなくなってしまう仕事があるということでもあります。そのことを敏感に感じているビジネスパーソンの中には「得意な領域でしか仕事をしていない」ことが、将来に対してのリスクだと考える人も少なくありません。

また、去年までは「やりたい仕事」であったものが、今年は「やりたくない仕事」になっているかもしれませんし、その逆もありえます。

いずれにしても、ここは本人の忌憚のない意見や希望を聞き出しておく必要がある領域ということになります。

最後に、組織（あなた）からの期待です。

これは2つの側面で考える必要があります。1つ目は短期的な効率重視の考え方です。仕事を任せる相手を、純粋にリソースの1つと考え、"得意なこと"または得意とまでは言えないにせよ"事前に何かを教える必要がないこと"を任せれば、その力をすぐに成果に結びつけることができるでしょう。

逆に"あなたがするのはふさわしくない仕事"を任せるという考え方もあります。例えば、営業部門には見積りや毎月のレポートを作成するために、サポートメンバーを配置している組織もあります。それは、営業責任者や担当者には、見積りや毎月のレポート作成に時間をかけるのではなく、お客さまへの訪問に、より時間とエネルギーを費やしてほしいという組織上の期待があるということです。つまり、見積りや毎月のレポート作成は、"営業責任者や担当者がするのはふさわしくない仕事"と考えられているというわけです。

そして、もう1つは、組織や個人の成長を重視した考え方です。

個人が成長していくためには、当然ですが"今はできない仕事"を任せ

て、その結果"今後はできる仕事"にしていく必要があります。仕事をしないで研修などを受けたり、本を読んだりするだけでは、絶対に"できる仕事"にはなりません。

　つまり、成長を期待するなら、効率を犠牲にしてでも"今はできない仕事"を任せ、その結果"今後はできる仕事"にしていく必要があるのです。

　以上、3つの観点で、それぞれのメンバーについて整理をしてみましょう。この時、あなたが仕事を任せる相手が1人なら、すぐに「じゃあ、この仕事を任せようか」と考え始めてしまっても構いません。

　しかし、あなたが多くの部下を持つ上司であれば、まずは全員について整理して、一覧できるようにしてみましょう。1人ずつ考えていたのとは違う発見やアイデアがあるかもしれません。

　次のワークシートを活用して、組織もそこで働く個人も成長できる"ベストな仕事の任せ方の組み合わせ"を見つけ出してください。

📖 メンバー分析

任せる仕事を考えるために、メンバーやあなた自身について、分析してください。

名前	経験／知識／スキル	やりたい／ やりたくない	組織からの 期待
あなた (　　　)			

2 任せる仕事の判断は、仕事の効率と部下の成長を天秤にかける

　仕事内容が整理でき、メンバーの分析も終わったら、あとは具体的に「この仕事は彼に」「この仕事は彼女に」など、漏れなく割り当てていけばよいわけです。ここで留意したいのは、短期的な効率を求めるのが必ずしもベストな判断ではないということです。一般的には、人は自分が「得意な仕事をやりたい」し、それをやってもらうことが「組織としても効率的」と考えられがちです。
　繰り返しになりますが、必ずしもそうではない点に重々注意をしなければいけません。
　スポーツであれば、各ポジションをそれが得意な選手に任せるのが、個人としても組織としてもベストな選択です。なぜなら、通常はそのポジションが必ずしも得意でない選手は、間違いなくそのポジションが得意な選手にチーム内の競争に破れ、試合に出ることすらできません。"得意なことをやる"ことが、そのままその選手の存在意義につながっているのです。
　得意なポジションでの活躍がチームの勝利につながれば、それは個人の活躍という枠を超え、チームへの貢献の実感や、達成感に結びついていく点も見逃せません。
　しかし、ビジネスの組織内では、"この戦いは○人で行なう"とか"各ポジションには○人だけ"というルールはありません。つまり、必ずしも"得意でない仕事"であっても、組織に十分貢献できるのです。
　また、中・長期的な視点で見ると、例えば若手が"得意でなかった仕事"にチャレンジした結果、段々に"得意な仕事"になっていったりします。このように、仕事を任せることが個人の成長につながっていけば、そのまま組織の成長に結びついていくでしょう。

確かに、"得意ではない仕事"を任せると、一時的には余計な時間を取られたり、初めのうちはうまくいかなかったりして、効率が落ちるのが常です。しかし、大事なことは誰もが"得意なこと"だけを続けた3〜5年後と、"得意なこと"を増やし続けた3〜5年後で、それぞれ組織の力はどうなるのか比較をしつつ、判断することです。

　また、やりたい／やりたくないという個人の希望は、部下がその仕事に慣れるほど、熟慮が必要な要素になります。組織に長くいると、自分がたどってきた道を振り返りつつ、"その先"が見えてくるようになります。
　そこに希望が見いだせないとしたら、組織を去ってしまうかもしれません。転職や異動希望の理由として「この仕事をいつまでも続けても、自分のキャリアにならない」と言う人は、多いものです。
　その"キャリアの方向性"を垣間見せているのは、最前線で仕事を割り当てている上司に他なりません。人員を絞っている企業が多く、すぐに欠員補充が難しい昨今、1人が組織を去ってしまったら、短期的にも組織の効率はガタ落ちになってしまいます。

【任せる仕事の判断】

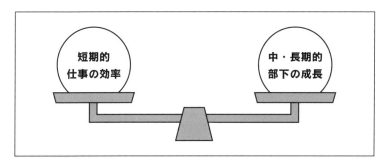

　もちろん、誰もが満足のいく仕事の割り当ては難しいですが、上司のあなたが考慮を重ねているということが、組織内に伝わることがまずは大切です。

3 仕事の中での成長とは

　アメリカのロッカート社が、さまざまな企業のリーダー調査を踏まえて「優れたリーダーになっていくために、影響を与えたもの達の影響度はこのくらいだろう」と発表した数字があります。
　その代表的な要素として、仕事での経験／研修など／他者からの薫陶の3つを挙げると、その比率は70％／20％／10％くらいになるというものです。それほど「仕事での経験は、成長に欠かせない重要な要素である」ということです（日本では「調査結果」としてその3つの数字が伝わっているケースもありますが、あくまで「このくらいになるだろう」という数字であるので、注意が必要です）。

　それでは"仕事の経験から成長する"というのは、どういうことなのでしょうか？
　まず"知識が増える"という領域があります。営業担当や技術担当であれば、自社製品のスペックや特徴、そのベースになっている技術は何かということを、製品別に知っているでしょう。これらは仕事の上で大いに役に立ちます。
　また、経理部なら会計の知識、品質保証部ならJISやさまざまな認証を取るために必要なプロセスを知っていることが、必須である場合も多いでしょう。このような専門知識も含んだ仕事によって、必要な知識が増えて、仕事の幅が広がっていくことを「成長した」というケースもあります。そして、このような領域は"事前に勉強してから仕事に臨む"よりも、"必要に迫られて勉強しながら仕事をこなす"方が、より身につくものです。

　仕事の場合は、テストに答えられればよいという学校の勉強とは異なり、

"できるようになる"という領域が、より重要になります。例えば、保守担当がさまざまな機種のメンテナンス方法を熟知し、手順に従って製品を直すことができるという"手順のマスター"もそのひとつですし、工場での繊細な製作であるとか、販売での商品の美しい包装の仕方であるとか、段々に短時間で、より正確に美しくできるようになる、という"技術の熟達"もそのひとつです。

これらは、一度しか経験がないと「いつでも手順通りできます」という域には到達できません。すぐに"熟達"に至ることがないのは、想像がつくでしょう。こうした領域は仕事の中で、数多く練習を積み重ねていくことで、"できるようになっていく"わけです。

"知っていて"、"できる"というだけでなく、正しく"判断して行動に結びつける"という領域もあります。

例えば、お客さまからのクレーム対応などは、お客さまの声の調子や態度から、その時々の感情を理解したり、判断を繰り返しながら、問題を切り分けたりする必要があります。それが通り一遍のマニュアル対応だと、かえってお客さまの感情を逆撫でしたりすることにもなります。

ですから、単に"知っていて""できる"だけではない、その場の適切な判断と行動がカギになるというわけです。この領域も、どれだけ経験を積み重ねたかがものを言うのは、説明の必要がないことでしょう。

営業の交渉やプロジェクトマネジメントなど「あの人に任せておけば大丈夫」と思ってもらえる域に達することができたなら、自他ともに認める成長ということになります。

【成長の領域】

- 知識が増える
- できるようになる
- 判断し行動できるようになる

実際は「この仕事は、知識が増える仕事」「あの仕事は、できるようになる仕事」というように分かれるのではなく、ある仕事をしながら知識も増え、できるようになり、正しく判断し行動できるようになるものです。
　このように、仕事を通じてどのような成長ができるのかを整理できていると、仕事を任せる時の説明がより効果的になります。例えば、どうしても"やりたくない"仕事を任せなければいけない時に「○○の知識が増えて、それは後々□□に役に立つ」という説明ができれば、モチベーションを上げる一助になるでしょう。また、若手に仕事を任せる時に「○○ができることになることが目標だ」と明確に伝えておけば、その目標に向けて頑張ってもらいやすくなるでしょう。

　ここまでの説明で気づいていただけるかと思いますが、研修では決して成長はできません。研修ではせいぜい、"知識に触れる"とか"とりあえず一通りやってみる"くらいが関の山です。
　あなたがどんな仕事をどのように任せるかが、相手の"成長"に関わる最も重要なポイントなのです。
　ここでは、あなたがどのように仕事の中で成長してきたのかを振り返りながら、仕事の中での成長がどのようなものであるのか、ワークシートを使って整理しておきましょう。

あなたはどんな仕事で成長しましたか？

あなたが成長したと思う仕事をいくつか思い出し、得られた知識、できるようになったこと（スキル）、判断できるようになったことを整理してください。空欄があっても構いません。

仕事内容	知識	スキル	判断

4 人によって異なる
モチベーションが上がるツボ

　さて、ここまで、どんな仕事を、誰に任せるか、また、どんな意図や期待を持って任せるのかについて、さまざまな角度から見てきました。
　ある仕事を任せようとする時には、次のような複数の意図や期待があるはずです。

- その仕事が「得意だから」あるいは「強みが活かせるから」やってもらう
- 組織のメンバーを考えると「その仕事ができるのは1人しかいないから」やってもらう
- 「前々からやりたいと言っていた仕事だから」やってもらう
- 「今後のキャリアを考えるとここで経験しておいた方がいいから」やってもらう

　あなたにさまざまな意図や期待があったとして、それを全部伝えた方がよいと思いますか？　それともどれかに絞って伝えた方がよいと思いますか？
　例えば、さまざまな機能を持つオーブンレンジを家電量販店に買いに行ったとして、誰もがすべての機能を説明してもらいたいと思うでしょうか？　まずは「自分にとって必要な機能がついていて、リーズナブルな価格であるか」を知りたい人も多いのではないでしょうか？
　もちろん、優秀な販売員はそのことをよくわかっていて、機能を説明する前に「その人にとって大切だと思っていることは何か」をきちんと把握して、それによって説明のポイントを変えています。なぜなら、人により「それはいい！」と思うツボが違うからです。

仕事も同じです。人によって「それはいい！　だったら一所懸命やってみよう」というモチベーションが上がるツボは違うのです。

ディシジョン・マトリクスという、人は何を理由に行動の判断を行なうかの研究があります。それによれば、合理性や納得のいく説明ができる判断を好む人と、その時の気分や人間関係を重視して判断する情緒的な人がいることがわかっています。また一方、安定性を好む人と、多少リスクがあっても、大きなメリットや成長を取ろうとする人がいることもわかっています。つまり、"判断の基準の好み"が違えば、当然"モチベーションが上がるツボ"も違ってくるわけです。

【ディシジョン・マトリクスによるモチベーションが上がるツボ】

タイプ	モチベーションが上がるツボ
合理性と安定性を好む人	確実な専門知識が身につく／活用できること
合理性とリスクテイクを好む人	成果やメリットにつながるという合理的な説明があること
情緒的で安定性を好む人	安心できる／みんなで協調してやれること
情緒的でリスクテイクを好む人	新しいチャレンジや創造的で変化に富むこと

このように、相手に合わせた説明をすることで、モチベーションを上げられる可能性が高まるということです。

例えば「各部門から選出されたメンバーで構成されるプロジェクトに、仕事の一環として参加してほしい」という場合に、あなたはプロジェクト選出／参加の理由をどう説明しますか？

- 「あなたの専門性が活かせる機会なので、あなたしかいないと考えて選出した」と説明する
- 「プロジェクト参加により、人脈ができ、今後さらに大きな仕事を任せられる可能性が高まる」と説明する
- 「部門の壁を越えて、全社が1つになれるプロジェクトだから」と説明する
- 「このプロジェクトは会社の中でも注目されている新しい企画だから、あなたのアイデアが活かせる」と説明する

あなたの部下を思い浮かべた時、どの説明が一番相手のモチベーションを上げることができるでしょうか？　また、あなた自身ならどう説明された時にモチベーションが上がるでしょうか？

同じ場合もあるかもしれませんが、違う場合もあるということを忘れないようにしたいものです。

これは、あくまで統計上の分類ですが、いずれにしても"あなたが魅力的に思うこと"と"仕事を任せる相手が魅力的に思うこと"は異なる可能性が大いにあるということです。普段から、身近な相手がどんなことでモチベーションが上がるのかを、観察や何気ない会話の中から読み取ったり、時には直接的に訊ねたりして情報収集をしておくと、モチベーションが上がるツボに合わせた、仕事の任せ方ができるようになるでしょう。

次ページに、ディシジョン・マトリクスに基づく、モチベーションの分析シートを用意しました。自分自身を分析し、できれば部下や他の人の分析もしてみてください。まずはその違いを認識し、次にさまざまな相手に合わせたモチベーションが上がるツボを考えていくとよいでしょう。

📖 モチベーション分析シート（ディシジョン・マトリクス）

● あなたの決断の傾向について、チェックしてください。

1.物事を決める理由は

データや理由 ├─┼─┼─┼─┤ 気分や直観

4.物事を決める速さは

慎重 ├─┼─┼─┼─┤ 迅速

2.チームで重要視するのは

仕事への集中度 ├─┼─┼─┼─┤ 人間関係

5.リスクの評価は

最大に考慮 ├─┼─┼─┼─┤ 必要最小限

3.人を説得する時には

合理的な説明 ├─┼─┼─┼─┤ 情緒に訴える

6.仕事の志向性は

プロセス志向 ├─┼─┼─┼─┤ 結果志向

1〜3で左側が多い…合理性 □
1〜3で右側が多い…情緒的 □

4〜6で左側が多い…安定性 □
4〜6で右側が多い…リスクテイク □

● 部下の（　　　さん）の決断の傾向について、チェックしてください。

1.物事を決める理由は

データや理由 ├─┼─┼─┼─┤ 気分や直観

4.物事を決める速さは

慎重 ├─┼─┼─┼─┤ 迅速

2.チームで重要視するのは

仕事への集中度 ├─┼─┼─┼─┤ 人間関係

5.リスクの評価は

最大に考慮 ├─┼─┼─┼─┤ 必要最小限

3.人を説得する時には

合理的な説明 ├─┼─┼─┼─┤ 情緒に訴える

6.仕事の志向性は

プロセス志向 ├─┼─┼─┼─┤ 結果志向

1〜3で左側が多い…合理性 □
1〜3で右側が多い…情緒的 □

4〜6で左側が多い…安定性 □
4〜6で右側が多い…リスクテイク □

5 業務の指示内容を整理する

　モチベーションが上がる説明の準備ができたら、業務の指示内容について整理しましょう。
　指示内容が曖昧だと、たとえ部下のモチベーションが上がっていたとしても、あるいは上がったがゆえに、あなたの期待とは異なる仕事をしてしまうかもしれません。そうなると、時間がない場合はあなたがその仕事をやり直すことになるかもしれませんし、時間に余裕があったとしても、仕事をやり直すはめになった相手は「だったら、最初からちゃんと指示してくれればいいのに」と、大いにモチベーションを下げてしまうことになるでしょう。

　あらゆる業務には"ゴールイメージ"、つまり結果として得たいものと、そのための"プロセス"、つまり進め方ややり方の、2つの要素があります。"目標"と"手段"と言い換えてもいいかもしれません。
　わかりやすい例で言うと、ダイエットというテーマでは「毎日1駅分歩き、3カ月後に5kg体重を落とす」ということなら、3カ月後に5kg体重を落とすというのが"ゴールイメージ"、毎日1駅分歩くのが"プロセス"となります。
　「○○をやめる」とか「○○を始める」とだけ決めて始めるのは、失敗するダイエットの典型例として挙げられることがありますが、これは明確な目標なしに「とりあえず○○をやる」と始めてしまうのは問題がある、ということです。
　したがって、大原則として"ゴールイメージ"というのは、指示する側がきちんと持っていなければいけないということになります。

説明だけ聞けば「まあ、当たり前だよね」と感じられると思いますが、実際はどうでしょうか。

　例えば、あなたが若手に「部の親睦を深める場として、新年会の店を予約する」という仕事を任せたとします。若手はいろいろ調べ、指示された日時に開いているお店を絞り込むでしょう。そして「今度の新年会ですが、みんな好きなものが取りに行ける、しゃぶしゃぶ食べ放題のお店を予約しようと思うのですが、よろしいですか」と報告に来て、初めてあなたは思います。「んー、普段なかなか話せないメンバーもいるから、もっと落ち着いて、それぞれじっくり会話ができるところがいいな」と。

　もちろん、それを聞いた若手は、あなたの手前「そうですか。わかりました」とその場では了承するかもしれません。しかし内心「だったら、初めからそう言ってくれればいいのに！」と感じるに違いないでしょう。

　難しいのは、実際「初め」はそんな事を考えてもいなかったし、若手が探してきた店を聞いてから「今、新たに条件が頭に浮かんだ」ということにあります。

　このように"始めてみないとわからない"仕事というのは、意外に多くあります。そんな場合でも、指示の前に、例えば若手に対して「今度の新年会、どんな店がいいかな？」という話題を振って「そうですね、しゃぶしゃぶ食べ放題はどうですか」というような事前の会話があれば、あなたとしても"ゴールイメージ"を絞り込めるのではないでしょうか？

　いずれにしても「ゴールイメージ」をきちんと伝え、共有していない段階で始めてしまう仕事ほど、任せた方も任された方も、後々のリスクが大きいということは、認識しておいた方がよいでしょう。

　では、もう1つの要素"プロセス"はどうでしょうか？　こちらの方は事細かに指示する必要がない場合が多いかもしれません。

　特に、ベテランに対しての指示では"ゴールイメージ"だけ共有し、潔く後はすべて任せた方が、相手にとってもやりやすい可能性が高いでしょう。

しかし、まだ、その仕事に慣れていなかったりする時には「やり方がわからなくなってしまったが、指示の時に『わかりました』と言ってしまった手前、相談しにくく、途中で仕事が止まってしまった」となってしまうリスクも大いに考えられます。
　この"プロセス"については、前の段階で「メンバーはどのような人か」について把握、整理ができていれば、どのくらい細かく指示した方がよいかはおのずとわかるでしょう。

　まとめると、業務は"ゴールイメージ"と"プロセス"に分けて整理します。"ゴールイメージ"は必ず共有しましょう。"プロセス"は相手の習熟度に応じて、どこまで伝えるかを調整するとよいということです。
　次ページのワークシートで、任せようとする仕事について、その業務の指示内容を"ゴールイメージ"と"プロセス"に分けて整理してみましょう。

【ゴールイメージとプロセス】

📖 業務の指示内容を整理する

部下に任せようとする仕事について、例を参考に、ゴールイメージとプロセスを分けて整理してください。この仕事の初心者に指示するつもりで、プロセスを洗い出してください。

(例)

任せようと する仕事	技術部門で制作する、自社新製品と競合他社製品との比較表
ゴール イメージ	営業担当者が顧客に提示した時に、顧客が自社新製品の特徴をつかめるよう、わかりやすくレイアウトされている状態の表(雑誌などを参考にする)
プロセス	・技術部門で想定する競合製品をリストアップする ・営業部門に上記リストを提示し、他に必要な競合製品があったら加えてもらう ・競合製品のスペック一覧を入手する ・すべての項目を比較表にしてまとめる ・営業部門に上記の表を提示し、必要な項目、不必要な項目の判断をしてもらう ・必要な項目について、わかりやすくレイアウトされた表を制作する

任せようと する仕事	
ゴール イメージ	
プロセス	

6 業務指示のためのさまざまな方法とそれぞれのメリット・デメリット

　ここまでで、どんな仕事を、誰に、どのように任せるのかについて、だいたいの準備が整いました。
　最後に、実際に業務指示をするにあたっての、さまざまな方法とそれぞれのメリットとリスクについて、整理しておきましょう。
　最も一般的なのは、一対一の対面・口頭で伝えるというやり方でしょう。場所は、簡単なものであれば、あなた、または相手のデスクでということになりますし、少し込み入ったものなら、会議室で時間を取ってということになります。
　チームで役割分担をするようなタイプのものなら、あなたとメンバーの一対多の対面・口頭というやり方になるでしょう。
　すれ違いが多く、顔を合わせにくい相手の場合、メールという手段も最近は多くなってきました。メールは、同じ文書を関係するメンバー全員に送るという選択肢もあります。また、場合によっては、電話で済ませてしまうということもあるかもしれません。

　列挙すると、以下のような方法があることになります。

- 一対一：デスク、会議室、メール、電話
- 一対多：会議室、メール

　これから、それぞれのメリットとリスクについて整理をしていきます。メリットは最大限に活かせるようにし、リスクは避ける工夫をすることが大切です。

まず、一対一と一対多の比較です。一対一では、相手に合った説明ができますし、伝えた内容が理解されているかを、改めて相手から説明してもらうことで確認できます。しかし、その情報は他のメンバーには共有されません。共有が必要なら、別途、そのための方策が必要になります。
　一方、一対多では、あなたが「誰に、どんな指示をしたのか」、その結果「どのような役割分担をしているのか」について、メンバー全員で共有することができます。また、1人のメンバーにとって難しい仕事があった場合に、その場で他のメンバーに役割を振り分けることも可能です。
　しかし、一般的には、ベテラン向け、若手向けと、メンバーによって説明を変えたりすることはしないと思います。会議室で指示を出した場合、もし指示された業務内容がよく理解できていないメンバーがいても、他のメンバーの時間を取ってしまうという遠慮から質問したりせず、「わかりました」で済ませてしまうリスクがあります。

　次に、デスク、会議室、メール、電話の4つを比較してみましょう。
　デスクでの指示は、相手がオフィスにいれば、思い立った時に、すぐにできることが大きなメリットです。必要な資料などを、すぐに取り出すこともできます。急ぎの時やわざわざ会議室を取るまでもない内容は、デスクで済ませてしまうというのが一般的でしょう。
　しかし、途中で電話など邪魔が入ることもありえますし、時としてあなたの都合で、相手の仕事の手を止めさせることになるというリスクもあります。
　また、あなたの自席に呼びつけて指示をするのは、相手の緊張感を高めるものです。必要な緊張感かどうかを、見極める必要があるでしょう。
　会議室での指示は、お互い時間を合わせたり、場所を取ったりしなければいけない手間はかかりますが、お互いの時間をきちんと確保でき、また、邪魔も入らず、集中して指示ができるでしょう。
　十分に広い会議室なら、あらかじめ準備した資料を広げながら、あるいはホワイトボードなどを使って、さまざまな情報を俯瞰しながらコミュニ

ケーションを取ることもできます。

　組織のメンバーがそれぞれ忙しく、なかなか顔を合わせる時間が取れないという場合には、メールでの業務指示という選択肢があります。メールでの指示は、なんといっても指示の内容がずっと文書で残るというのが大きなメリットです。

　指示内容についてお互いの記憶が曖昧になってきてしまった時でも、そのメールを見れば、どんな指示だったかをいつでも確認できます。

　基本的には文書でのコミュニケーションとなりますから、言葉でうまく伝える必要がありますが、図やグラフなどがあった方がよければ、添付ファイルで伝えることもできます。また、全く同じ内容でよければ、関係者全員に、一度の操作で情報を共有できます。

　ただし、その場では相手の理解を確認することはできませんし、そもそも一般のメールでは開封されたのかわからず、読まれていない可能性もありえるでしょう。

　一対一での指示なら、電話でも済ませることができます。一番手軽とも言えますが、その代わり、完全に言葉だけのコミュニケーションになり、何かを"見せる"というのは難しくなります。

　また、その場で理解の確認はできますが、メモを取ってもらわない限りは"話だけ"で終わってしまい、何も後で確認できる資料が残らないというリスクもあります。

　ここまでの内容を次ページに表にしてまとめたので、どのような方法で指示を行なうのが適切かを考え、また、それぞれのリスクについては補う方法もあわせて考えてから、指示を行なうとよいでしょう。

【業務指示の方法】

- 相手の人数

人数	メリット	デメリット
一対一	相手に合った説明ができる。伝えた内容が理解されているかを、改めて相手に説明してもらうことで確認できる。	情報が他のメンバーには共有されないため、別途共有が必要。
一対多	誰に、どんな指示をしたのか、どのような役割分担しているのかについて、メンバー全員で共有できる。1人のメンバーにとって難しい仕事があった場合に、その場で他のメンバーに役割を振り分けることも可能。	メンバーの習熟度に合わせた説明ができない。もし指示された業務内容がよく理解できていないメンバーがいても、他のメンバーの時間を取ってしまうという遠慮から質問しない。

- 伝達の場・方法

場・方法	メリット	デメリット
デスク	相手がオフィスにいれば、いつでもできる。思い立った時に、すぐにできる。必要な資料などもすぐに取り出せる。	電話などの邪魔が入る可能性。相手の仕事を止めさせる。相手の緊張感を高める。
会議室	お互いの時間をきちんと確保でき、また、邪魔も入らず集中して指示ができる。ホワイトボードなどを使って、情報を俯瞰できる。	お互い時間を合わせたり、場所を取ったりしなければならない。
メール	顔を合わせる時間がなくても使える。指示の内容が文書で残る。	相手の理解を確認できない。メールを読んでもらえたかもわからない。
電話	手軽である。	一対一である。資料などを見せられない。話だけで終わってしまう可能性。

7 どのような言葉や説明で伝えるのが最も効果的か考える

　業務指示は最終的には"言葉"でなされます。もちろん言葉以外のコミュニケーションの要素も重要ですが、うまく人の気分を盛り上げ、しかも間違いなく仕事をやり遂げてもらうために、適切に言葉を選び、使っていくに越したことはありません。慣れた人なら「このような内容を伝えよう」とだけ準備していれば、自然に言葉が出るでしょう。

　しかし、ベストな説明を目指すなら、さらに「こんな言葉で伝えよう」まで準備するというのも悪くないでしょう。

　この場合、業務の指示ですから、指示されたことは実行に移されなければいけません。実行に移される、という観点での言葉選びのポイントはこの2点になります。

【業務指示の言葉選びのポイント】

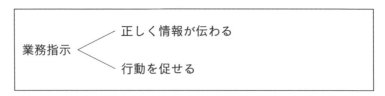

　まず、正しく情報が伝わるためには、相手が知っている言葉で伝える必要があります。例えば、エネルギー関連の知識がない相手に、いきなり「ここ5年間の世界のシェールガスの生産量をグラフにまとめておいてほしい」と伝えても、そもそも「シェールガス」とは何かを知らなければ、グラフにまとめるという業務を完遂することは難しいでしょう。相手が知らなそうな言葉は使わないか、あるいは補足の説明をするなどということになります。

しかし、やっかいなのは、お互いに知っている言葉だけれど認識が異なる言葉です。こちらの方がより誤解のリスクが高いといえます。

【誤解のリスク】

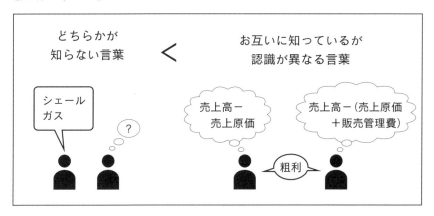

知らない言葉であれば、その場で質問するか、あるいは調べるなどして確認してから業務に取りかかろうとするでしょう。しかし、知っている言葉だとしたら、実は認識が異なっていたとしても、当たり前のこととして確認せずに業務を進めてしまうことになります。

例えば、経理の経験がある中途入社のメンバーに「各事業部のそれぞれの粗利の比較表を作ってほしい」と指示をしたとします。一般的には粗利＝売上総利益のことで売上高－売上原価で考えますが、会社によっては売上高－（売上原価＋販売管理費）と考えることもあります。あなたと、相手の考える粗利は同じものとは限らないのです。

この場合、すべて計算が終わってから何か数字がおかしい、と気がつけばまだよい方で、最悪、会社の重要な会議が勘違いを含んだ数値のまま討議される、ということにもなりかねません。

したがって、特に初めのうちは、さまざまな言葉を相手と確認しながら使っていくとよいでしょう。

一方、行動を促せる言葉とは、どんなものでしょうか？　一般に人はメリットが提示されれば、それを得られるような行動が促されます。逆に、リスクが提示されれば、それを避けるような行動が促されます。アメとムチといえばわかりやすいでしょう。

　つまり、「○○すると、組織や個人にいいことが起きる」あるいは「△△できないと、組織や個人にまずいことが起きる」という言い方です。どちらも効果があることは明確なのですが、心理学者のエドワード・L・デシの研究結果では、「組織にまずいことが起きるから、△△しろ」という言い方は"やらされて／仕方なくやる"モチベーションを誘発し、「個人にとって望ましいことが起きるから、○○するとよい」という言い方は"自発的／自律的な"モチベーションを誘発するということがわかっています。つまり、言い方ひとつで、部下を受け身にも、前向きにもするのです。

【行動を促す】

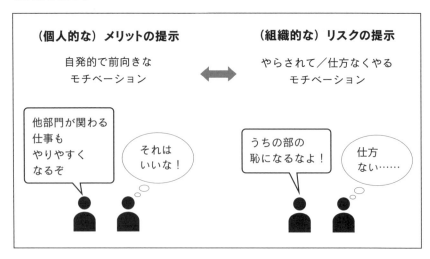

例えば、部門横断的プロジェクトに部内から誰かを指名しなければいけないという時に「ウチの部の恥にならないよう頑張れ」という言い方もできますが、「積極的に活動して一目置かれれば、他の部門が関わるこれからの仕事もやりやすくなるぞ」という言い方もできるわけです。

　もちろん、人によっては「より慎重に進めてほしい」という気持ちも込めて、リスクを大きめに提示した方がよいこともあるかもしれません。

　どのような言葉や説明で伝えるのが「間違いがなく、最も効果的なのか」を考えてから業務指示をするとよいでしょう。

8 進捗管理のやり方は、指示の中に含める

　ここまで、どんな仕事を、誰に、どのように任せるのか、そして、それをどんな方法で指示するのかまで、順を追って考えてきました。業務指示としてはもうひとつ、進捗管理を忘れてはいけません。進捗管理は指示の中に含め、やり方まで初めに合意してしまうとよいでしょう。

　上司という肩書きがつく人に話を聞くと、部下への不満の多くは"報連相"つまり、報告・連絡・相談に集中します。仕事がうまく進んでいないケースでは、たいてい部下はいつまでも上司に相談せず、その結果、問題が発覚した時には手遅れ寸前で、それを慌てて上司が対応することになっているというわけです。

　コーチングやしつけなどによって、適切な報連相をするように仕向けることは可能ですが、そのための技術が上司側に必要ですし、人はそうそう思い通りには動いてくれないものです。

　であれば、報連相は、常に自分が考えているより「遅く、不正確なものだ」と、事実を受け入れることから始めてみましょう。そして、報連相を「早く、正確にするように仕向ける」という難しい解決策ではなく、もっと簡単なやり方を選択するのはどうでしょうか？

　その方法とは、進捗管理のタイミングを、指示する時に決めてしまうことです。前述しましたが、これはプロジェクトマネジメントの世界で"コミュニケーションプラン"と呼ばれるものと同じです。それにより、相手への信頼を示しつつ、計画的に支援をすることが可能になります。

　言い方としては、「自分が知りたいから、このタイミングで報告がほしい」とストレートに伝えてもよいですが、相手の受け取り方次第では、夏

休みの宿題の進み具合を日々確認される、子供のような気分になってしまうかもしれません。「万が一支援が必要なことがあっても、自分がその時いないとタイミングを逸してしまうので、事前に進捗を確認するタイミングを決めておこうか」というように、管理のために必要なコミュニケーションではなく、「支援のために必要なコミュニケーションである」と伝えるとよいでしょう。

さて、そのタイミングですが、任せる相手とその内容によって、いつがいいのかはまちまちでしょう。まだその仕事がおぼつかなかったりする場合には、「明日一日の進み具合で、どこまでいけたか確認しようか」という早め早めのタイミングが適切でしょうし、また、計画から実行というプロセスで仕事を分割して、「一応、進め方がだいたい固まったら、確認したいけれど、いつ頃できそうかな」というように、自主性を尊重しながらタイミングを決めていくやり方もありそうです。

いずれにしても、「何かあったら相談してほしい」というスタンスよりは、進捗管理のやり方を指示の中に含めてしまった方が、お互いに仕事を進めやすくなることでしょう。

📝 業務の指示

業務を任せたいメンバーを決め、相手に合わせた業務指示の内容を考えてください。

任せたい メンバー	
任せたい仕事	
正しく伝える	**ゴールイメージ／プロセス：**
行動を促す	**メリット／リスク**
進捗管理の タイミング	

📖 業務の指示（例）

73ページのストーリー「業務の指示」のケースを整理すると、以下のようになります。

任せたい メンバー	野田さん
任せたい仕事	CS向上プロジェクトへの参加
正しく伝える	**ゴールイメージ／プロセス：** ・創業100周年に向けたプロジェクト ・顧客目線に立った新しいサービスを1つ生み出してほしい ※このストーリーではプロセスは、1回目のミーティング以降に定義されるので触れていません。
行動を促す	**メリット／リスク** ・野田さんの仕事のやりがいである「お客さまに喜んでもらえること」をこのプロジェクトで実現できる ・さまざまな部門の「お客さま」の見方や、仕事の進め方を知ることで、野田さんのキャリアも広がる ・プレッシャーを感じるかもしれないが、こちらもサポートしていく
進捗管理の タイミング	まずは第1回のミーティングが終わったら

9 確認をもって、指示は完了する

　前ページのワークシートを活用すれば、どんな仕事を、誰に、どのように任せるか、そして、それをどんな方法で指示するのか、また、いつ進捗を確認するのかまで明確にして、業務指示に臨めるようになります。

　この内容さえ伝えれば、完璧でしょうか？　その答えは「No」です。伝える内容までは明確になりましたが、"伝える"ことと"伝わっている"ことは、すぐ隣にあるようでいて意外に遠いものです。

　特に上司・部下の関係でなくても、ちょっとした待ち合わせなど、あなたが「言ったつもり」だったのに、全然「理解してもらえていなかった」という経験はないでしょうか？　これもまた、報連相と同じで"そういうもの"と考えた方がよさそうです。

　その"伝えた"ことと"伝わった"ことの、意外に大きなギャップを埋めていくシンプルなやり方は、当たり前のようですが、"確認する"ことです。

　ところが、先ほどの「何かあったら相談してほしい」というスタンスがリスクの大きいものであったのと同様、ここでも「ここまでの内容はわかったかな？」という質問は、よく耳にするものですが、なかなか危ういものです。

　「時間がない」「面倒だ」という理由で、全部はわかっていないけれど、まあいいかと思って「わかりました」と答える場合もあるでしょう。もっと危ないのは「わかったのか、わかっていないのかもよくわかっていない」ので、とりあえず「大丈夫です」などと答えてしまう場合です。

　そのようなお互いのリスクを避けるためにも、少し時間は余計にかかりますが「ここまでの内容は理解できているかな？　ちょっと簡単に説明し

てみて」とリクエストするのが確実なやり方です。

　初めは「試されているのかな？」と感じさせてしまうかもしれませんが、説明をしてみれば、自分がわかっていることと、よくわかっていないことが整理されるのが自覚され、その重要性がわかるでしょう。

　何回かそんなやり取りを続けてみて、自分から「ちょっと自分の理解が正しいか、説明させてもらってもいいですか」と相手の方から言い出すようになったらしめたものです。

　相手の理解をあなたが確認するというプロセスは、一手間かかるのは事実です。とはいえ、そこに1時間もかかるわけではないでしょう。その何分かを取るだけで、先々の誤解による手戻りや、それによるお互いのモチベーションの低下というリスクを避けられるとしたら、割く価値のある時間と手間だといえるのではないでしょうか。

　これをもって、業務の指示は完了すると考えておくよいでしょう。

　さて、純粋な業務の割り当ては、確認をもって指示が完了します。その業務に慣れているベテランなら、これで十分でしょう。しかし、部下を育てるという観点での業務の割り当てにおいては、さらに言わば魔法の一手間が存在します。それは、"プロセス"確認です。しかも、あなたが伝えた"プロセス"を理解したかという確認ではなく、部下にやり方を考えてきてもらって、それを確認するというものです。

　部下から見ると、PDCAのP（計画）を自分で立てる必要がある、ということで、とりもなおさず、それはPDCAを"自分で回す"スタートになります。

　この場合、業務を指示した後、部下が自分でやり方を考えるという時間が必要で、その後、上司であるあなたがそれを確認する、という進め方になります。難易度が低いものならその場で少し考える時間を与えて、その後すぐに部下に考えたやり方を説明させる、という確認もできるでしょう。しかし、部下にとって難易度が高いものだった場合は、その場で即答を求

めるのは酷かもしれません。その時は、"プロセス"確認をするタイミングを業務指示の時に決めてしまうとよいでしょう。

多くの上司は「最近の若手は受け身で、自分で考えない」と嘆くのですが、以下の3点をしっかりと意識し実践している上司は意外に少ないものです。

【部下を育てる魔法の一手間──"プロセス"確認】

- 計画を考える機会や、必要がある業務を割り当てる
- 部下が考える時間を取る
- 部下が考えたことの確認をする

自分で考える部下に育つか、いつまでも受け身でいる部下なのかを決めるのは、この一手間をかけるか、かけないかの判断をするあなたなのです。

ストーリー　業務の指示

　天王寺さんがメールチェックをしていると、今年もまた「CS向上プロジェクトメンバー推薦の依頼について」という件名のメールが届きました。本文を見ると、「創業100周年に向けて」ということで、例年とは少し趣が違うようです。それは推薦の依頼文からも、伝わってきました。
　「……おっと、プロジェクトリーダーはウチの部長じゃないか」
　去年は適当に桃谷さんに任せたのですが、詳しいことは何も説明せず「うまくやってくれ」と言っただけでした。そのせいで、桃谷さんは営業のアポを優先し、会議への出席率が悪く、プロジェクトリーダーから注意してくれと言われてしまいました。
　それについては、もっとプロジェクトの意義や、桃谷さんへのメリットも説明してあげればよかったなと考えています。
　今年は部長がプロジェクトリーダーということですから、同じようなことをするわけにはいきません。
　天王寺さんは、まずは部長の話を聞いてみようと思いました。

　部長からどんなプロジェクトにしたいのかという話を聞き、天王寺さんは自分のメンバーの顔を思い浮かべました。桃谷さんは「来年は野田で」と言っていましたが、部長の口添えにもあった通り、確かに野田さんが適任のように思えました。
　「野田、ちょっといいか？」
　「はい、お呼びでしょうか？」
　野田さんが、天王寺さんの席までやってきました。
　「ああ、CS向上プロジェクトのことなんだが。お前も知ってるよな。去年は桃谷も発表してたし」
　「はい。先輩が今年はよろしくって言ってました。あとそれから、あんまり休むなよ、って」

野田さんは桃谷さんから連続で休むと怒られるというのと、下っ端は決まった役割をやってれば大丈夫だと聞いていました。
「うん、まあ、そうなんだが、今年は部長がプロジェクトリーダーでな」
「えっ、じゃあ、本格的に休めませんね」
「去年は正直、ちゃんと桃谷に伝えられなかったんだが、このプロジェクトに参加するというのは、ウチの部の仕事のひとつなんだ。さっき部長とも話したんだが、今回は特に創業100周年に向けてということで、単なる年中行事のプロジェクトとは考えないでほしい」
「はい……」
　桃谷さんの話もあって、ともかく休まなければなんとかなるかなと思っていた野田さんは、なんだか話が違うなと不安になりました。
「あまりプレッシャーには感じてほしくはないんだけれど、部長としては、今年のプロジェクトでは『顧客目線に立った新サービスを１つ生み出してほしい』というのが期待としてあるようなんだ。自分がプロジェクトリーダーをやるなら、毎年のものとはひと味違った成果を、ということだな」
　新しいサービスを生み出すなんて、まだまだ新人気分の抜けきらない野田さんにはとても大変そうな話です。
「そういうことなら、勝手がわかっている桃谷先輩を……」
　ちらっと桃谷さんの席の方に目をやりながら、小さな声で言いました。
「もちろん、それも考えた。だけどな、野田、お前、前期の振り返りで、この仕事のやりがいは『やっぱりお客さまに喜んでもらえることだ』って言ってただろ。そのあたりの想いの強さは、桃谷とは違うと感じるんだよ。その『お客さまはどんなことに喜んでくれるんだろう？』と真剣に考えようとする気持ちが、今回のプロジェクトにはほしいんだ」
　天王寺さんの説明には、説得力がありました。

野田さんは、先日の前期の振り返りで「お客さまに喜んでもらいたい」と言いました。それは、具体的にどういう仕事をするというのではなく、このまま営業を続けていれば、わかってくるのかなと漠然と考えていたことなのです。
「今回のプロジェクトは、お客さまの喜びのために、ということなんですね」
　確かにCS向上というのは、お客さまの喜びにつながることでしょう。それを全社的プロジェクトに参加することで推進できたら素敵です。
「そうだ。また、このプロジェクトは部門横断でメンバーが集まる。さまざまな部門の『お客さま』に対する見方や、仕事の進め方を知ることで、今後の野田自身のキャリアも広がるとも考えている」
「私のキャリア……ですか。あんまり考えたことありませんでした。でも、会社のいろいろな方と仕事ができるのは楽しみです」
　営業だけでは、製品やサービスを提供することはできません。社内のいろいろな人たちのおかげもあって、お客さまに喜んでいただけているということを、野田さんは少ない経験の中からも痛感しています。他部署のことはまだよく知らないし、これはいい機会なのかもしれません。
「そうか、それはよかった。ま、部長の肝いりということもあるし、最初のうちはオレもサポートしていくから、第一回のミーティングが終わったら、ちょっと情報共有させてくれ」
「はい！」

　今年度もCS向上プロジェクトがスタートしました。最初のキックオフミーティングがあった翌日、天王寺さんは気になって、野田さんに声をかけました。
「野田、昨日のミーティングはどうだった？　キックオフだったんだろ？」

「あ、天王寺さん。そうなんですよ。自己紹介で『お客さまはどんなことに喜んでくれるのかを知った上で、いいサービスを考えたい』って言ったら、部長が『それは大事な視点だな。じゃあ、お客さまの声を集めるために調査計画のたたき台を作ってくれ。次回はそれをもとに考えよう』っておっしゃって。でも、調査っていっても、私のお客さまがすべてってわけでもないし……」
　思いがけず重要な仕事を受け持つことになり、野田さんは困っていました。
　「そうか。じゃあ、どう進めればいいか、ちょっと一緒に考えようか……？」
　たたき台とはいえ、野田さん１人には難しいかもしれません。ですが、野田さんの成長のためにも、アドバイスをしながら進めていこうと天王寺さんは考えました。

・・・

解　説

　天王寺さんは、今年も「CS向上プロジェクト」にメンバーを推薦することになりました。去年は思いつきで桃谷さんを推薦しましたが、きちんと指示や指導ができなかったと反省しているようです。

　今年は、天王寺さんは熟考して、野田さんを推薦することにしました。
　野田さんへの説明では、まずはプロジェクトの概要、意義を伝えています。
　それから、野田さんの仕事のやりがいである「お客さまに喜んでもらえること」と、プロジェクトを関連づけて伝えていました。
　さらに、今後の野田さんのキャリアが広がるといったメリットについても、しっかり説明していますね。
　最後には、サポートの約束や、進捗状況を確認するための情報共有のタイミングについて話しています。
　こうした天王寺さんの説明によって、野田さんのモチベーションも高まり、プロジェクトに積極的に参加してくれることでしょう。

　プロジェクトがスタートしてからも、天王寺さんは気にかけていたようです。
　野田さんが受け持つことになった部分は、野田さんにとって少し難易度の高いものでした。天王寺さんは、野田さんにアドバイスをしながら仕事を進めてもらうことで、成長してほしいと考えているようです。

　天王寺さんが事前に準備した内容については、69ページの業務の指示（例）を参考にしてください。

3章

指導

1 仕事の支援と成長の支援は切り離して考える

　部下に仕事を任せたら、後はすべてよろしくやってくれて、上司であるあなたは納期通りに仕事が完了するのを待つだけ、あるいは、あなたがたとえそのことを忘れていても、きちんとその仕事は完了してもらえる、ということであればとても楽でしょう。
　しかし、そのようにうまくいくでしょうか？　むしろ、そんな部下ばかりだったら、上司はいらないのではと感じられるかもしれません。
　つまり、上司の役割として、任せた仕事を管理し、必要であれば指導をして、完了へと導いていく必要があるといえるでしょう。

　さて仕事の中での「指導」というと、どんなことを思い浮かべるでしょうか？　人によっては"コツ"のようなものを教えてあげることだとイメージするかもしれませんし、人によっては"ダメ出し"のように問題のあるところを徹底的に指摘し、修正させることをイメージするかもしれません。
　また、「何でもかんでも教えてはダメだ、自分で気づくまで黙って見守る」のが最良の指導だと主張する人もいるでしょう。本書では指導を、"仕事の支援"と"成長の支援"の2つに分けて考えることにします。

　仕事の割り当ての際にも"仕事の効率"と"個人の成長"を天秤にかけながら考えるということは前述しました。
　効率だけを優先するなら、試行錯誤などさせない方がよく、今の能力で十分こなせる仕事を何も考えずにマニュアル通りに進めさせる方がよいでしょう。ですが、成長、つまり"今はできないことができるようになる"ということを期待するなら、今は"できない"ことをやらせ、しかも最初は"できない"ことを寛容する余裕が必要、ということになります。

この最初の"できない"タイミングでは、手取り足取り教えた方が、その場は早く終わる、つまり効率がよくなるかもしれません。しかし、なかなか1人で"できる"ようにならない、つまり成長が遅くなるリスクがあるでしょう。

　逆に、最初から最後まで自分で考えたり試行錯誤させた方が、すべて自分の身になり、成長することが期待できます。しかし、仕事内容が難しすぎたり、試行錯誤することに不慣れで、わからないことがあると思考が止まってしまう相手だと、いつまで経っても仕事が終わらないというリスクがあるでしょう。

　これは、"仕事の効率"と"個人の成長"を天秤にかけながら、指導のタイミングややり方を、そのつど選択する必要があるということです。

　例えば、営業でなかなか最初の突破口が見つからず、成績が伸び悩んでいる部下がいたとします。あなたとしては「自分で壁を乗り越えて、自分の営業スタイルを確立してほしい」という期待があったとしても、そのまま期が終わってしまっては、モチベーションも下がってしまうかもしれませんし、組織の目標が達成できないリスクもあります。

　ここぞというタイミングで、"仕事の支援"をしていく必要があるのです。

2 上司の忙しさが"指導のポリシー"に与える影響

　さまざまな上司に「部下指導について、どのように考えていますか？」と問うと、「オレは厳しいよ。甘いことを言うのは本人のためにならないからね」とか「成長するのは自分だから、気がつくまで待つのが主義かな」など、十人十色の"指導のポリシー"が返ってきます。
　十人十色といっても大別すると、事細かに進捗をチェックをし、指導をこまめにするいわば"管理派"と、普段はあまり仕事の進み具合や中身について会話をせず、本人がいよいよ困っているなど、ここぞという時にだけ指導をする"放任派"の上司がいるようです。

　例えば、技術部門の設計など締切がある仕事を任せた場合に、毎週、あるいは新人なら毎日など、定期的に指導する上司がいます。完成までのステップが明確な仕事であれば、そのステップごとに進み具合や仕事ぶりについて指導をする上司もいます。
　一方、締切ギリギリまで確認をしない、あるいはその仕事の納品先が自分でない場合は納品されたかどうかも確認をしない、そんな上司もいます。「それで仕事はちゃんと回りますか？」と聞くと、ほとんどの場合、「ええ、本当に困った時には助けに呼ばれますし、きっちりフォローしていますから」と返答されます。
　また、その指導の仕方も、指導が必要だと考えるポイントについて、直接的に断言するような言い方で行なうタイプと、本人が気づくまで問いかけで行なうタイプがあるようです。
　例えば、重要な営業案件で、キーパーソンへのアプローチが必要な場合に「〇〇さんがキーパーソンだろ。デモのタイミングできっちり技術的な優位性をアピールしないと」と直接アドバイスする方法もありますが、「誰

がこの案件で、キーになる役回りを演じるかな？」「どのタイミングで、どうやって仕掛けるといいと思う？」など、問いかけを繰り返す方法もあります。

　さて、あなたはいかがでしょうか？
　どのような指導ポリシーであったとしても、ポリシーがあれば行き当たりばったりで指導をされるよりは、部下としてはさまざまな意味でありがたいのは事実です。
　しかし、「そのポリシーは誰のためか」については、今一度見直した方がよいケースが少なくありません。
　純粋に指導にかかる総時間を考えると、放任して、しかも指導の時には断言して行なうのが、一番短くなります。なぜなら、指導の頻度が少なく、1回当たりの時間も短いからです。一方、頻繁に部下と問答を繰り返し、問いかけるやり方は、最も時間がかかるでしょう。

　どのようなポリシーがベストであるということはないのですが、ここで注意したいのは、上司の忙しさがそのポリシーに影響を与えることがあることです。
　わかりやすい例は、自分が忙しいゆえに放任になってしまう場合です。それを問われれば、「これが自分の指導ポリシー」という返答になります。
　また、管理派であっても、自分の時間ができた時にだけ、時間をかけて指導をするという上司も多くいます。日中はお客さまとの商談が最優先という営業カルチャーがある場合で、成果主義／裁量労働制に近い契約形態の職場では、上司と部下とのミーティングは夜9時すぎが当たり前、ということも珍しくありません。
　それらは、上司にとっては都合がよい、あるいは仕方のないことなのかもしれません。ですが、指導をされる部下にとってはどうでしょう？「全く上司らしい仕事をしていない」「上司とのコミュニケーションのために残業が増えて身体がつらい」などと感じているかもしれません。

それが仕事の成果そのものや、やりがい、働きやすさにマイナスの影響を与えていたとしたら、問題です。
　「何でもかんでも部下に合わせればよい」と言うわけではありません。しかし、"部下によい仕事をしてもらう"のが、上司としての仕事の大きな位置を占めるのであれば、忙しい中でもよりよい時間の使い方を選択する必要があるということです。

　さて、あなたはいかがでしょうか？
　次のページに指導のポリシーに関するワークシートを用意しましたので、自己チェックしてみましょう。

あなたの指導ポリシー

あなたの指導の傾向は、次の線のどのあたりだと思いますか？

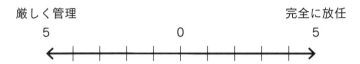

厳しく管理した場合、完全に放任した場合、部下にどのような影響があるでしょう？ メリットとリスクを考えてみましょう。

	メリット	リスク
厳しく管理		
完全に放任		

あなたは、今後、どのような指導ポリシーで部下と向き合いたいですか？

3 部下の能力やレベル、特性によって"指導のポリシー"を最適化する

「人を見て法を説け」という言葉があります。言うまでもなく「相手によって指導の仕方は変えた方がよい」という意味ですが、とはいえ、上司も十人十色、部下も十人十色、百通りの指導の仕方があるということでは大変ですので、少し整理してみましょう。

まず、考慮しなければいけないのは、任せた仕事の難易度に対する部下の能力やレベルです。当然、新人やその仕事に不慣れな若手は、途中で仕事の進め方がわからなくなって、それ以上先に進めなくなったり、間違った方向に突き進んでしまったりするリスクがありますから、管理傾向を強めた方がよいでしょう。これは年齢的にベテランであっても、仕事を進める上でのリスクが高ければ同じことです。

一方、もう任せて安心なレベルなのに事細かにチェックするのは、あなたにとっても、相手にとっても、時間がムダに感じられるものです。その場合は「何かあったら相談してほしい」と言えば十分でしょう。

また、相手の特性ということでは、先に説明したディシジョン・マトリクスという分類法がひとつの目安になります。

次のように、任せた仕事の難易度に対する能力やレベル、特性によって、"指導のポリシー"をつど決めていくとよいでしょう。そうすることで、上司としての時間の使い方も最適化でき、また部下にとっても仕事をやりやすくなるポイントとなります。

そして、先に説明しましたが、進捗確認については、業務指示の時にお互いに合意しておくとよいでしょう。

お互いの合意があり、さらにそれが「管理ではなく支援」という位置付けであることがきちんと伝わることで、たとえ指導のタイミングが常に遅い時間帯になったとしても、「上司のために時間を割いている」のではなく、「自分のために上司が遅くまで付き合ってくれている」と感じてもらえれば、お互いの信頼関係をより強めることにもつながるに違いありません。

【ディシジョン・マトリクスによる最適な指導ポリシー】

タイプ	最適な指導ポリシー
合理性と安定性を好む人	決まったことを守ろうとするので、仕事の進め方や進捗確認のルールを決めて伝えておくとよい。
合理性とリスクテイクを好む人	任せ切ることは大事だが、何かありそうな時の相談の判断基準については合意しておくとよい。
情緒的で安定性を好む人	気にかけてもらえることで安心して仕事を進められるので、コミュニケーションを密にした方がよい。
情緒的でリスクテイクを好む人	任せてもらいたいタイプだが、間違った方向で仕事をどんどん進めてしまうことがあるので、要所要所でチェックするとよい。

4 仕事の支援の基本はロジカルな問題解決

　ここからは実際の指導のポイントについて見ていきましょう。

　まずは仕事の支援ですが、基本はロジカルな問題解決です。といっても、"MECE（ミーシー。漏れなくだぶりなく）"とか、"ロジックツリー（事象の階層構造化）"など、ロジカルシンキングで出てくるような難しげな知識は必要ありません。押さえておくべきは"問題とは、あるべき姿（目標）と現状（の事実）のギャップである"という一点です。

　例えば、仕事として任せた内容が、顧客データ約1万件の住所確認だったとします。それを1週間＝5稼働日で完了する予定のものであれば、2日目の終わりでは、約4割、4,000件の住所確認が終わっているというのが"あるべき姿（目標）"である、ということです。

　しかし、2日目の終わりに進捗を確認したところ、2,500件しか終わっていない、ということであれば、ギャップとして1,500件分が「遅れていて問題」ということになります。

　問題が明確になったら、次にそのギャップを生じさせている原因・障害について明らかにしていきます。

　先の例では、「他の仕事との兼ね合いで作業時間が取れなかった」ということかもしれません。この場合に確認すべきは「残り3日間は、すでに遅れている分も含めて作業時間が十分に取れるのか」ということになります。

　また、「作業時間はいっぱいいっぱいまで使ったが、進みが遅い」ということが原因かもしれません。この場合、作業手順がどのようになっているのか、細かく確認していって、より早くできる方法を見いだすことになるでしょう。もし「これ以上早くはできない」ということであれば、解決策はリソース、つまりその仕事に割り当てる人員を増やすしかないかもしれ

ません。

　一方、仕事内容によっては、"あるべき姿（目標）"を変えてしまう、というのも立派な問題解決です。
　先の例では、1週間だから問題なのであって、2週間という期間で完了するという仕事として再設定するならば、2日目のあるべき姿（目標）は2,000件終わっている状態ですから、現状（の事実）である2,500件というのは問題がないことになります。
　ただ、この場合でも「残りの8日間は十分に作業時間を取ることができるのか」を確認した方がよいことは言うまでもありません。
　したがって問題解決の方法は、ギャップの原因・障害に対処するか、あるべき姿（目標）を変更するという、2つのやり方があることになります。

【問題解決の方法】

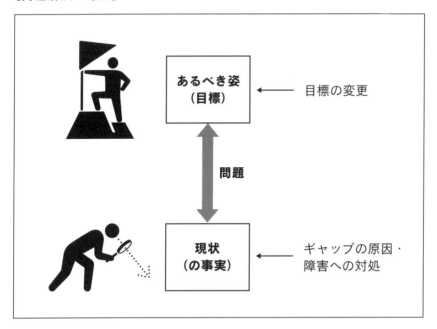

これらのことを"支援"するのが上司の役割のひとつですから、指導の際には、まずは質問によって事実を整理していく必要があるでしょう。

例えば、先の例では「今日は2日目だから、どこまで終わっているのが理想的な進捗だったかな?」とか「それで、現状(の事実)としては、どこまで終っているの?」という質問が、問題を明らかにする質問です。

そして、「そうか、500件分遅れているのか。で、その原因は何? 何か障害となっていることはある?」というのが、ギャップを生じさせている原因・障害を明らかにする質問です。

支援の留意点としては、以下の2点があります。

【支援の留意点】

- わかりきっていると思っても決めつけずに、質問によって事実を明らかにする
- 明らかになった事実について、怒る/嫌な顔をするなど、ネガティブな反応をしない

もちろん、仕事の取り組みのまずさが原因で、問題が生じていることもあるでしょう。しかしながら、事実が明らかになったとたんに上司がネガティブな反応をしてしまうと、その後、部下は「事実をできるだけ明かさない」という行動を選択するようになります。

なぜなら、事実を明かすと嫌な顔をされる/事実を明かさないと嫌な顔をされないという因果の方程式が成り立つからです。

そして、その方程式を作ってしまうのは、部下ではなく、嫌な顔をしてしまった上司自身であるということは、肝に銘じる必要のあることです。

【因果の方程式】

　事実を事実として受け止めることは、仕事の支援をする上では欠かせません。間違った事実の認識からは、間違った解決策しか導き出せないからです。

　まずは事実を受け止め、これからどのように仕事を進めていくか、指導しましょう。その上で、仕事の取り組みのまずさがあるのであれば、次は成長の支援をして、言動を変える必要がある部分についての指摘やアドバイスをしていけばよいのです。

　さてここでは、仕事の支援の練習として、ケースで示された内容を、あるべき姿（目標）と現状（の事実）に整理し、そのギャップを明確にした上で、考えられるギャップの原因・障害を考えてみましょう。

【練習】ロジカルな問題解決

以下のケースを読み、問題点を整理してみましょう。

部下の橋本さんは学生向けの会社案内を制作する取りまとめ役です。例年は業界の慣例で新卒採用のスケジュールがだいたい決まっていたので、毎年同じ制作プロセスで動いていました。しかし、今年から横並びの採用ルール撤廃が業界団体から発表され、名実ともに完全自由化になったあおりを受け、例年の1カ月前倒しで制作することになっています。

実は制作スタートの時期は例年と同じで、制作期間がそのまま1カ月短くなったため、橋本さんが計画を引き直しました。
各部門からの原稿を取りまとめ、また、長年お願いしている制作会社とも頻繁にやり取りしていて、厳しいスケジュールながらうまく進捗しているのかと思われた矢先、その制作会社の古株メンバーから上司であるあなたに電話が入りました。
得られた情報を箇条書きにしてみると次の通りでした。

- 昨日がすべての原稿が揃う日とされていたが、制作会社に届いたのは半数しかない。
- 特に遅れているのは各部門からの情報で、それが遅れるとすべてに響くのでと、よくよく橋本さんにはお願いしたのに「メールで連絡しましたから」という感じで、ちゃんと現場に締切が理解されているのか怪しい。
- 全体は5部構成で、会社の実績などのセクションの原稿はすべて揃っているので、前倒しでデザインやレイアウトを始めていてほしいと橋本さんからはお願いされた。
- 例年通りの内容のものなら融通がきくが、「今年はグループ全体の環境への取り組みのセクションが増えていて、関連部署とのすり合わせのミーティングに参加してほしい」と橋本さんは話していたのに、そのミーティングがまだ持たれていない。
- 例年も押せ押せの進行で、制作会社の努力でなんとか刷り上がってきたが、今年は1カ月納期が早まった関係で、他の仕事との兼ね合いもあり、例年のように無理はきかない。橋本さんが多少の遅れなら大丈夫と考えているのなら危ない。

電話の口ぶりでは、制作会社としてはかなり進行に不安を持っていて、本当に間に合うだろうかと大いに心配していました。

現状（の事実）	あるべき姿（目標）

▼

問題＝あるべき姿（目標）－（現状の事実）

▼

上記の原因や障害として想定されること	原因や障害を取り除くためのサポート

【例】ロジカルな問題解決

現状（の事実）	あるべき姿（目標）
・原稿が制作会社に半数しか届いていない ・現場に締切が理解されている確証が持てない ・環境について関連部署とミーティングをしていない ・橋本さんが多少の遅れなら大丈夫と考えている恐れがある	・昨日までに原稿がすべて揃う ・現場に締切が理解されている ・環境について関連部署とミーティングをした ・例年のように無理はきかないので、遅れは許されない

▼

問題＝あるべき姿（目標）ー（現状の事実）
・昨日までに原稿がすべて揃っていなければならないのに、半数しか制作会社に届いていない ・現場に締切が理解されていなければならないのに、その確証が持てない ・環境への取り組みセクションのミーティングが必要なのに、まだやっていない ・例年のような遅れは許されないのに、多少は大丈夫と考えているようである

▼

上記の原因や障害として想定されること	原因や障害を取り除くためのサポート
・橋本さんから他部署への積極的な働きかけが足りない ・他部署の橋本さんへの協力姿勢が足りない ・例年もスケジュールは押せ押せなので、橋本さんが油断をしている ・全体の進行スケジュールに対して、橋本さん自身がどのタイミングで何をすべきかが整理できていない ・他の仕事との兼ね合いで、橋本さんが学生向け会社案内の仕事に十分に時間を割けていない 　　　　　　　　　　　　など	・橋本さんの認識確認 ・できていないこと、スケジュールの整理 ・他部署への働きかけが不足している部分は、上長を通じて協力を依頼 ・他の業務との負荷を確認し、必要なら調整を検討

※あくまで考え方の例のため、これが正解というわけではありません。さまざまな考え方があります。

【応用】ロジカルな問題解決

あなたが気になっている仕事について、分析してください。

現状（の事実）	あるべき姿（目標）

▼

問題＝あるべき姿（目標）－（現状の事実）

▼

上記の原因や障害として想定されること	原因や障害を取り除くためのサポート

5 人と問題を切り分ける

　さて、指導すべき問題が明確になり、さらにギャップの原因・障害もあらかた見当がついたとします。たいていの場合、"仕事の支援"としてギャップの原因・障害を取り除いて、いち早く仕事を軌道に乗せ直すという対処をすることになるでしょう。それにつけても、上司として苦言を呈したい仕事の進め方のまずさがあったりするものです。

　しかし、思い出してください。あなたの責務はまず"確実に部下に仕事を任せ、完遂していく"ことにあります。苦言を呈するのは仕事を軌道に乗せるための方策を講じたり、合意したりした後でも遅くはありません。この時に"人と問題は切り分ける"というコンセプトを心にとどめておけば、苦言を呈したい気持ちにブレーキをかけて、問題に焦点を当てることができるでしょう。

　そのような"人"に関わるものは、"問題"とは切り分けておいた方が建設的に話を進めやすくなります。

　この後、行動や習慣が望ましい方向に変わるよう影響を与えていく方法を解説します。

　例えば、ちゃんと言い聞かせたのに、傘を持って行かず濡れて帰ってきた子供に対して「あなたは、いつもお母さんの言うことを聞かないから！」と濡れてきた子供を見るなり言ったとしましょう。それは、子供が濡れて、今にも風邪を引きそうな状態に対し、何の解決にもなりません。

　子供の方としても、逆に「問題はなかった」ということにしたいという心理が働いて「全然大丈夫。たいして濡れてないし」といって、よく身体も拭きもせず、そのまま部屋に駆け込んでしまうこともあるでしょう。最悪、風邪を引き、高熱を出すかもしれません。

であるならば、例えば「もう！」と言いながらも、「ほら、タオルでちょっと拭きなさい。それからシャワーを浴びて。着替えを準備するから」と"支援"をして、身体も温まってから「どうして濡れて帰ってくることになったのかな？」とか「どうした方がよかった？」という会話をしていった方が、「これからお母さんの言うこと聞くよ！」という望ましい言動を引き出しやすくなりそうだと思いませんか？

　上司も同じです。まず"仕事の支援"を建設的に進めてから、苦言を呈したい"人"の部分に焦点を当てていく方が、結果的に物事がうまくいくでしょう。
　また、常にあなたがそのように接していれば、部下も「あなたは（厳しい指導があるにせよ）きちんと仕事の支援をしてくれる人だ」という信頼を寄せてくれるものです。
　信頼があれば、必要な事実や、今どのような状況になっているのか、何をしてそのようになったのかなどの情報を、包み隠さず出してくれるに違いありません。
　そのためにも、人と問題は切り分けるということを心にとどめておき、冷静にそして着実に、問題に対処していくとよいでしょう。

6 問題への対処の場面こそ"請け負って"上司の器を見せるチャンス

　問題が明確になり、ギャップの原因・障害も見当がついたら、その対処を支援していくことになります。ここで忘れてはならないのは、あなたにとってギャップの原因・障害を取り除くことがたやすくても、部下にとっては難しいことかもしれない、ということです。むしろ、難しいことだからこそ、今問題となっているのだともいえるでしょう。

　例えば、メンバー全員からの意見をメールで集めないと、次に進めないプロジェクトがあったとします。あなたの部下はメールで催促をしているようですが、締切からもう3日も過ぎているのに、あと3人から意見を集めないといけない状態です。あなたには、部下に対しての支援として、下記のような選択肢があるでしょう。

1. 「プロジェクトを前に進められないのは困る。意見を集めきるのが君の仕事だろう！」と檄を飛ばす。
2. 「誰が出していないんだ？　なるほど。この2人はメールで催促してもダメだ、電話じゃないと。ちょっと手強い〇〇さんは社内なんだから、直接行って、お願いしたらどうだ？」と方策のヒントを与える。
3. 「どうしたらいいか、ちょっと考えてみたらわかるだろう？　具体的に行動しないと」と自分で考えさせる。

　1と3は、部下が具体的な方策について考えなければなりません。
　あなたは2のように、一人ひとりを思い浮かべながら、個別の対応をすぐに思いつくことができますが、部下もそうだとは限りません。考えればすぐに思いつくことをやっていないだけなら、3のような言い方もできる

でしょう。しかし、そもそもどうすればいいのかわからず困っているとしたら、ただ途方に暮れるだけになってしまいます。
　もちろん、上司として２を選択すべきか、３を選択すべきか、部下の能力を鑑みて適切に判断することが責務ではありますが、このケースでは、第４の選択肢もあります。

４．「〇〇さんがまだ出してないのか、ちょっとやそっとでお願いしてもダメかもな。よし、私がかけ合おう」と、部下が遂行するのが難しく、全体の障害となりうる部分を請け負う。

　成長あるいは役割分担という観点から見ると、いくら効率的に仕事を進める最良の手段であったとしても、なんでもかんでも上司が部下の仕事を請け負ってしまうのは望ましくありません。
　しかし、ここぞという時には、"上司が請け負う"という選択肢を持っていた方がよいでしょう。
　そしてこの選択肢を、本当に部下が困っている時に繰り出すならば、上司としての器を垣間見せることができ、部下からは「本当に自分が困った時にはちゃんと助けてくれる人」として、絶対的な信頼を勝ち得ることでしょう。

7 行動や習慣を変えるための行動分析

　さて、ここまでは人と問題を切り分け、"問題"に対して、上司として適切に支援するポイントをまとめてきました。次に"人"に関することについて解説していきます。

　日本では、よく「表面上の行動を変えてもダメだ、人（気持ち）が変わらないと」と主張する人が多くいます。

　その考えにも一理ありますが、だからといって、"人（気持ち）を変えようとしてから、行動について見直す"という順番が常に正しいかといえば、はなはだ疑問が残ります。

　さらに、上司と部下というパワー（権力）的に明らかな上下関係があるので、"人"の部分に対して、部下の意に反した介入を強硬に行なった場合、昨今ではパワーハラスメントと取られてしまうリスクもあるでしょう。

　そこで、ここでは安全でより確実な方策として、行動に影響を与え、徐々に習慣化を促すアプローチと、行動に効果的に影響を及ぼすための行動分析の考え方をご紹介します。

【行動に影響を与え、徐々に習慣化を促すアプローチ】

> 1. （表面上と思われることでも）まず、行動に影響を与える
> 2. 行動が本人にとって望ましい結果をもたらすよう支援する
> 3. 上記を繰り返し、「お、変わってきたな」「こちらの方がいいな」という状態（本人の気持ち）を引き出す

これは"人（気持ち）を変えようとしてから、行動について見直す"とは逆の発想ですが、スポーツなどでは当たり前のように取り入れられているアプローチです。

　例えば、我流でテニスを楽しんでいた人が、サーブのやり方をコーチから新しく学んだとします。今までとは違う身体の使い方ですから、最初は違和感があり、半信半疑のまま、無理やり教わった感じでサーブを打ってみるでしょう。もちろん、いきなりいいサーブが打てるとは限りませんから、コーチも「惜しい！」とか「もう少し○○してみてください」など、声をかけうまくいくよう支援します。
　しばらく上記を繰り返し、だんだんに本人の「なるほど、この感覚か」「教わった通りにやると、うまくいくな」という気持ちが芽生えていく、という具合です。

　テニスの場合、サーブは相手コートにちゃんと入らなければいけませんし、サーブが入ったかどうかは打った直後に本人にわかります。
　ビジネスの現場はそんなに単純じゃないよ、と思われるかもしれません。しかし、確実に行動に影響を与えようとする行動分析の考え方は、スポーツでもビジネスでも同じで非常にシンプルです。

【行動分析】

1. ある状況から
2. ある行動をすることで
3. その結果がもたらされる

　これは、ある行動を人が選択する（し続ける）ようになるのは、その結果がその人にとって望ましいと感じるから、という仮定に基づく考え方です。

ポイントは、その人にとって望ましいと感じる、ということです。周りの人の望ましさは関係ありませんし、また、例えば健康上望ましいとか、合理的に考えれば、とかも関係ありません。その人が"望ましいと感じる"かどうかです。

　例えば、イライラしたとき（状況）、タバコを吸う（行動）と、少し落ち着いた気分になる（結果）で、その「少し落ち着いた気分になる」ことが望ましく感じられるならば、またタバコを吸うという選択をすることになります。

　そこでは、周りの人からの「健康に悪いと一般に言われているし、吸わない方が本人にとってもいいんじゃない」という意見は、あまり関係ないということです。この場合、その人にとっては、「すぐに、落ち着くこと」の方が「そのうち、健康上の問題が出ること」より望ましいと感じられているということなのです。

　これが、タバコを吸う（行動）と、憧れのあの人から露骨に嫌な顔をされる（結果）となったらどうでしょう？　その人にとって、「憧れのあの人から嫌な顔をされない」ことの方が、「タバコを吸うことによって落ち着く」より望ましいと感じられるならば、タバコを吸うという行動を選択しなくなるでしょう。

　このように、行動を起こした時に、"その人にとって"望ましい／望ましくない結果になるよう周りが支援することで、行動（の選択）そのものを変えようとするのが、行動分析をもとにした影響の与え方です。

　また、ある行動から引き起こされる結果のうち、"すぐに起こること"は"そのうち起こるかもしれないこと"よりも強い印象となり、その人にとっての望ましさに大きな影響を与えます。

　推理小説を読み進めてきて、このペースだと深夜になってしまうという状況の時でも、「すぐに結末が知りたい」は、「明日は寝不足でつらくなるかもしれない」よりも強い印象ですから、ついつい人は、そのまま推理小説を読み進めてしまい、案の定、寝不足でつらい次の日を過ごすことにな

るのです。

　例えば、いつもギリギリに出社し、少しでも交通機関の乱れがあると遅刻してきてしまう社員がいるとすれば、遠い未来のこととして「このままだと勤怠不良ということで、減給の処罰もありえるかもしれない」と伝えるのは、"そのうち起こるかもしれないこと"です。それよりは、「事象の"見える化"をしてみよう」といって、"遅刻カレンダー"を作り、どのような理由でも、遅刻をしてきた日には出社してきたら、カレンダーにすぐに大きくバツをつける、というルールを合意すれば、それは、"間違いなくすぐに起こる""ちょっと自分にとって恥ずかしいこと"という印象になることでしょう。

　このように、少しの工夫によって、行動に影響を与え、望ましい習慣化を促し、結果として「お、あいつ、変わってきたな」というやり方を選択肢として持っておくとよいでしょう。

8 自分から報告・相談しに来る部下に育てる秘訣とは

　指導というと、一般的には指導者の働きかけによって後進を育てる、というイメージが強いものです。かといって、上司から指導として、部下のすべての仕事を目にかけ、いつも上司側からの働きかけで指導を行なっていく、というのは、時間的にも物理的にも無理があります。

　できることなら、指示した仕事のうち、問題なく進められるものは放っておいてもきっちり終わった時に報告され、上司の支援が必要なもの"だけ"相談として耳に入り、必要最低限の指導を行なえるのが理想的でしょう。

　この理想的な状態がいわゆる"報連相"ができている組織ということになりますが、多くの上司が異口同音に"報連相"ができていないと嘆いているのが実情のようです。

　最近、専門家や有志によるさまざまな業種での勉強会が、一般のビジネスパーソン向けに開かれるようになりましたが、明らかに自分や組織の業務に役立つ、あるいは役立てるために参加しているのに、わざわざ有給休暇を取って、しかも私費で参加をしている人が多くいることに驚かされます。聞いてみると、「上司に言えば、別に反対はされないとは思うのだけれど、説明するということ自体が面倒で」というのが主な理由だったりします。

　上司側としては、どんな些細なことでも、相談とまでいかなくても、"念のための確認"でもいいから声をかけてほしいと思っているケースがほとんどなのに、なぜ、このようなボタンのかけ違いが起きてしまうのでしょうか？

このような、"ちょっとした（自分の行動に対しての）コメントを求める気持ちの障害となるもの"を研究した専門家によると、多くの場合、その心理には3つのコスト＝面倒くささがあるとされています。

【3つの心理的コスト】

- **対面コスト**──わざわざコメントを聞く時間を割くための面倒くささ
- **努力コスト**──コメントをもらうために準備しなければいけない面倒くささ
- **実行コスト**──アドバイスを（一度聞いてしまったら）実行しなければいけない面倒くささ

　つまり、あまり席にいない、あるいは席にいてもいつ声をかけていいかわからない上司で（対面コストが高い）、ちょっと相談しようとすると「ちゃんと情報をまとめてから話しに来い！」と追い返し（努力コストが高い）、さらにやっと話を聞いてもらえたと思ったら、「○○も考えておかないと危ないぞ、そっちはちゃんとやっているのか？」とか「△△の手続きをしておかないといけないから、書類を作ってくれ」とか、その後の仕事と手間が3倍になる（実行コストが高い）ということが予測されるなら、「できるところまでは（相談なんかしないで）自分でやった方が、上司にも面倒をかけなくていいかな」となってしまうわけです。

　しかし、上記のように、原因となる障害の一般的傾向は明らかなわけですから、対策はそのコストを下げる、つまり面倒くささをできるだけ取り除いてあげて、しかも結果として「やっぱり一声かけておいてよかったな」となるようにすればよいのです。

　対面コストを下げるには、理想はいつも席にいて、声をかけられたら、即時に対応できるようにしておくことですが、そうでなくとも、例えば毎

日朝9時から10時半は必ず席にいるとか、メールで相談が来たら必ず48時間以内には返信すると約束しておく、などとしておけば、いつ、どうやって相談したらいいかに頭とエネルギーを使わずに済むはずです。

　努力コストを下げるには、何でも気軽に、思いつくまま話していい、ということにするのが一番で、いわばソーシャルネットワーク感覚でコミュニケーションを取ってもらってよい、と約束することが理想的ともいえます。しかし一方、それでは、いつまで経っても部下が論理的でわかりやすい説明ができるようにならないという危惧もあるでしょう。
　そのバランスをうまく取っているベテラン上司に話を聞くと、例えば、日々の報告は自由フォーマットのメール、週や月といった節目での報告はきちっとした書類にまとめるなどメリハリをつけていたり、"最低限、聞きたいことと報告したい事実だけはまとめておく"というシンプルなルールだけを決めていたりするようです。

　実行コストについては、それを単に下げたとしても、もともとの抜け漏れの多い考えを突き進めて、巡り巡って手戻りが多くなってしまい、結果として面倒が増える可能性があります。
　ここでは、やるべきことはやるが、請け負えることは上司が請け負う、という前述のポイントを思い出してみましょう。上司が請け負う部分を示すことで、その分実行しなければいけないことは少なくなり、しかも成功の確率は上がるわけですから、十分メリットを感じさせることができるはずです。

　部下の行動を直接的に変えて習慣化させるのは難しいですが、このように、自分の行動を変えることはたやすいはずです。その結果、求める状況になればいいわけですから、「自分の何を変えたら、部下がもっと育つだろうか」と考えることが、育成の秘訣といえるでしょう。

報告・相談のしやすさ

あなた自身が、部下からどのくらい報告や相談をされやすいのか、チェックしてみましょう。

〈対面コストが低い〉
- ☐ この1週間を振り返ると、9時〜17時のビジネスタイムで10時間以上は自席にいた
- ☐ 自分の予定は、グループウェアなどですべて部下に共有し、その通りに行動している
- ☐ メールなどで部下から報告や相談が来た時には、48時間以内に返信している

〈努力コストが低い〉
- ☐ 部下がまとまりのないわかりにくい報連相をしてきても、問いかけなどで話を整理しながら聞くようにしている
- ☐ 自分にはこのような項目やフレームで報連相するように、とフォーマットやルールを決めて、渡している
- ☐ 形式ばらないコミュニケーションも、時には部下の方からしてくる

〈実行コストが低い〉
- ☐ 報告や相談があったら、部下の仕事がより効率的／効果的に進むような支援を必ずしている
- ☐ 支援の後、部下の方からお礼を言ってくることがしばしばある
- ☐ 直近の部下からの相談を振り返ると、半数以上は自分でも請け負う何かを約束した

【練習】行動分析と支援

　ケースを読み、ワークシートで青野さんの行動分析をしてみましょう。

　部下の青野さんは、設計部門のリーダー格です。きっちりとした仕事ぶりで他部門からの信頼も厚く、また後輩の面倒見もよく、部内でも頼られる存在です。
　しかし、そんな青野さんにもあなたから見るととても気がかりなことがあります。それは、昇級試験に向けての勉強が、進んでいないように見えることです。
　あなたの会社では昇級にあたり、広く浅いビジネス基礎知識を問われる試験があります。これに合格しないことには、昇級はできません。部長からは推薦した以上、一発合格できるようしっかり指導するようにと言われているため、先日、マーケティングの基礎ともいえるキーワードを例に挙げ、「説明できるか？」と青野さんに聞いてみたのですが、語句すら全く知らない様子でした。
　「勉強が進んでいないようだけど、大丈夫か？」という質問に対しては、「なかなか業務が忙しくて時間が取れなくて……」という回答です。
　確かに他部署からの緊急の要請にもしっかり答えているだけでなく、後輩からの相談には一緒になって考えている姿も見ているので、遊んでいるわけではないことはよく知っています。
　このように、人から頼まれたら嫌と言えない青野さんですが、なんとか自分の時間を確保しないことには勉強は一向に進まないでしょう。
　試験が一夜漬けでどうにかなるレベルでないのは、あなたも経験済みです。設計のエンジニアとして、早めの昇級でチャンスが広がるのは事実ですし、何より昇級試験を受けてみたいと希望を出したのは青野さんです。
　あなたは、青野さんをなんとか支援してあげたいと思いました。

気になっているメンバー：　　青野

	状況

	現状（の事実）	あるべき姿（目標）
行動		
結果		

本人にとって望ましいこと	

影響の与え方

【例】行動分析と支援

気になっているメンバー：　　　青野さん

状況	・設計部門のリーダー格 ・昇級試験を受けてみたいと希望 ・他部署から急な要請を受けている ・後輩から相談される

	現状（の事実）	あるべき姿（目標）
行動	・他部署から急な要請を受けている ・後輩から相談される	・他部署の要請や、後輩の相談に対し、必要性を見極めて対応する ・昇級試験の勉強をする
結果	上記にすべて対応している （昇級試験の勉強時間がない）	昇級試験に一発合格する

本人にとって望ましいこと	昇級試験に一発合格して設計のエンジニアとしてチャンスを広げる

影響の与え方	・現状の勉強の仕方で、昇級試験に受かるかどうかを考えてもらう。 ・昇級試験に受かることで、広がる可能性について話し合う。 ・どうしたら勉強時間を作れるか、考えてもらう。 ・他部署からの要請や、後輩からの相談については、重要度や緊急度について考え、切り分けて、必要な部分のみ対応する。他の人に仕事を振ることも検討する。それも昇級する上で必要な能力であることを伝える。 ・勉強や、仕事の割り振りで困ったら、サポートすると伝える。

※あくまで考え方の例のため、これが正解というわけではありません。さまざまな考え方があります。

【応用】行動分析と支援

あなたの周りで、気になる行動をしているメンバーについて分析してください。

気になっているメンバー：_____

状況		

	現状（の事実）	あるべき姿（目標）
行動		
結果		

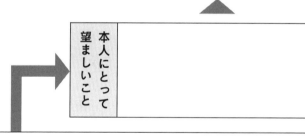

本人にとって望ましいこと	

影響の与え方	

9 "遅刻が多い"はメンタルが弱まっているサインかも

　ここまで、さまざまな"望ましくない行動や判断"に対して、どのように指導すればよいか、ポイントを解説してきました。
　特に行動分析を基本とする指導はその効果を期待できますが、それだけでは解決できない問題もあります。そのうちのひとつがいわゆるメンタルヘルスに関わるものです。
　最も典型的なケースでは、うつ病の初期症状として、朝、起きたくても起きることができなかったり、目が覚めてもとてもだるくて動けないといったりした症状が出ることがあります。
　この場合、本人にとっては、身体的症状が出ているので「本当は会社に行きたいけれど、なかなか家を出ることができない」という状況がありえます。
　ところが、身体的原因（例えば、内臓の疾患など）が見つからないため、メンタルの問題は、文字通り"気の持ちよう"と誤解される傾向にあります。
　上司としてあなたが、まず知っておかなくてはならないのは、メンタルの問題によって身体的症状が出て、本当に動けないという状況がありえるということです。
　適切な対処法を論じるのは、専門書に譲りますが、少なくとも下記のようなことは"やってはいけない"対処と言われています。

【"やってはいけない"対処】

- 「期待しているので頑張れ」とプレッシャーをかける
- 「どうしたんだ、君らしくないな」と"問題"をほのめかす
- 「誰でもそんな時があるから」と間違った同調を示す
- 「心配したり、業務を代わりに請け負ったりする人がいる」と周りの迷惑を強調する

　メンタルの問題は、多くの場合、精神的なストレスが原因となって発症します。

　特に初期の場合は「まさか自分がそんな状態になってしまった」と認めたくない場合が多いため、本人としても「もっと頑張らないと」「遅刻するなんて自分らしくない」「いつもなら、少しくらい気乗りしなくても動けるのに」「あぁ、職場のみんなに迷惑をかけているんだろうな」などと思っているのです。

　思っているのに身体が動かないということが、さらに精神的なストレスとなっているのです。その上、周りから追い打ちをかけるような言葉を言われたら、さらにダメージが大きくなることでしょう。

　このような場合、問題と感じられる行動を指摘、指導する前に「あなたのことを心配している」ということを伝え、話を聴いてみるくらいの心遣いがほしいものです。そして、どうも様子がおかしいということなら、産業医やカウンセラーなど、産業保健スタッフへの相談を勧めることを考える必要もあるでしょう。

※参照：働く人のメンタルヘルス・ポータルサイト「心の耳」（厚生労働省）
　http://kokoro.mhlw.go.jp/

10 好ましい指導でパワーハラスメントのリスクを避ける

　メンタルヘルスの問題と共に、上司として気をつけなければいけないのがパワーハラスメント、いわゆるパワハラです。
　ハラスメントというのは、日本語で"嫌がらせ"という意味になります。ですが、"○○ハラスメント"で挙げられている事例を調べてみると、それをしている方は全く嫌がらせの意図はないのに、それをされる方は相当の嫌がらせを受けていると感じていることが多いのに驚かせられます。
　ことパワーハラスメントに関して言えば、上司は嫌がらせなどする気は毛頭なく、むしろ善意を持って指導をしているつもりだった、というケースも少なくありません。

　「一所懸命、相手のためを思って指導しているのに、パワハラ扱いされるなんて、上司というのはつくづく損な役回りだな」と思われるかもしれません。また、そんなニュースを聞くたびに、突っ込んだ指導を躊躇してしまう気持ちが湧いてくることもあるでしょう。
　善意を持っていたとしても、相手が「嫌だなぁ」と思ったら、ハラスメントになるというのが"○○ハラ"に共通する点です。つまり、それが"パワハラ"となるか"指導"になるかは、「嫌だなぁ」と思われるか、「ありがたいなぁ」と思われるかにかかっていると言うことです。
　それでは、何をもって「嫌だなぁ」になるのでしょうか？　部下側からの声として"嫌な上司"の特徴として挙げられることが多いのは、次のようなものです。

- 一方的で話を聞かない
- 人格攻撃をする

- 指示に一貫性がない

一方、"好ましい上司"としては、次のようなものが挙げられます。

- 話を聞いてくれる
- 役に立つアドバイスをくれる

つまり、指導の際には、以下のような点に注意すればよいでしょう。

- しっかりと話や状況を聞く
- 問題解決につながる支援をする
- 人と問題は切り分け、人格攻撃しない

もうお気づきのことと思いますが、これらは本書で推奨してきた指導の方法そのものです。臆することなく"好ましい"指導をしていくよう心がけるとよいでしょう。

参考までに、裁判などで判断基準となるパワーハラスメントの要素を厚生労働省が定義していますので、列挙しておきます。下記をしっかりと踏まえておけば、パワハラのリスクに怯えることなく、自信を持って指導に当たることができるでしょう。

【パワーハラスメントと判断される3つの要素】

- 職場の地位・優位性を利用している
- 業務の適正な範囲を超えた指示・命令である
- 精神的・身体的苦痛を与える又は職場環境を悪化させる行為である

※参考：平成24年3月「職場のパワーハラスメントの予防・解決に向けた提言」（厚生労働省）

11 指導の効果は、"どんな指導をするか"ではなく "信頼されているか"に左右される

　ここまで、どんな指導をするかについて、さまざまな角度から網羅的に見てきました。

　スポーツや芸術、経営などバラエティに富んだ分野で、素晴らしい成果を上げている人を育て上げている、さまざまな指導者の指導法を見てみると、本当に千差万別です。中にはここで紹介したような方法の、真逆を実践してきている指導者も少なくありません。しかし、そのような指導者に共通している要素があります。それは、圧倒的に相手から"信頼されている"ということです。

　ここでお伝えしたいのは、信頼されているのであれば、どんな指導をするかは関係ない、ということではありません。

　なぜなら、素晴らしい成果を上げている人がいる一方で、同じ（あまり推奨されない）指導法によって、成果が全く出なかった人の話は話題にならないからです。

　いずれにせよ、信頼されていることは、指導による効果を上げる必須の条件であるということは間違いがないようです。

　あなたの身の周りにも、「あの人の言うことはもっともなんだけど、なんだか言う通りにやる気にならないよ」と言われてしまう人と、「あの人の言うことはホントめちゃくちゃなんだけど、なんだかその気にさせられちゃうんだよな」と言われる人の、両方がいるのではないでしょうか。

　このように重要な"信頼されているか"ですが、それはどのように知ることができるでしょうか？　ひとつのバロメーターとなりうるものに"コミュニケーションの深度"という考え方があります。浅い方から順に4段階に分けて考えます。

深度1は表面的なコミュニケーションです。天気の話や、あなたは好きでも相手が興味のない野球やサッカーの話も、この中に入ります。

深度2は事実関係のコミュニケーションです。仕事を進める上では欠かせません。しかし、それだけが多くても、部下やメンバーとしては、仕事の話だから仕方なくコミュニケーションを取っていると感じているかもしれません。

深度3は感情に関するコミュニケーションです。仕事上では（あるいはプライベートでも）さまざまな出来事が起きますが、それについて部下やメンバーがどのように感じているのかという領域です。うれしいのか、そうでもないのか、実は怒っているのか、残念に感じているのかといったと

【コミュニケーションの深度】

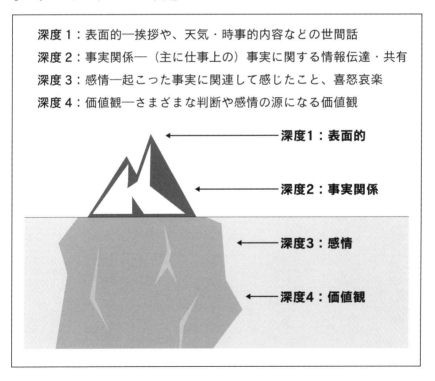

深度1：表面的―挨拶や、天気・時事的内容などの世間話
深度2：事実関係―（主に仕事上の）事実に関する情報伝達・共有
深度3：感情―起こった事実に関連して感じたこと、喜怒哀楽
深度4：価値観―さまざまな判断や感情の源になる価値観

深度1：表面的
深度2：事実関係
深度3：感情
深度4：価値観

ころまで共有できていると、かなり深いコミュニケーションが取れていると言ってよいでしょう。

　深度4は価値観のレベルのコミュニケーションです。お互いの大事に思っている趣味や、大切にしている座右の銘を共有できているでしょうか？　ただ、この深さになると、そもそも部下やメンバーという枠だけでなく、個人としても共有できている人は少ないかもしれません。

　つまり、相手からより深いコミュニケーションを働きかけられていれば、より"信頼されている"と考えられる目安となるというわけです。次ページのチェックシートで、あなたの信頼されている度合いを確認してみましょう。

"コミュニケーションの深度"で測る部下からの信頼度

あなた自身が、部下からどのくらい信頼されているか、"コミュニケーションの深度"の観点でチェックしてみましょう。

- ☐ 部下と顔を合わせたら、挨拶や世間話をこちらからするようにしている

- ☐ 同行や会議の合間の時間、昼食時などのタイミングに部下から世間話を振ってくる

- ☐ 部下に対して、楽しいか、つらいか、うれしいか、など感情についての情報を得るための問いかけをしている

- ☐ 部下の方から、楽しい、つらい、うれしい、など感情についての話をしてくることがある

- ☐ 自分の価値観や大切に思っていることについて、部下に話したことがある

- ☐ 部下の価値観や大切に思っていることについて、部下から聞いたことがある

チェックの数が多いほど、信頼されているといえます。

12 メンバーが大切にしている価値観をあなたは大切にしているか

"信頼されているか"のひとつのバロメーターとして、コミュニケーションの深度を取り上げました。信頼の要素としてはさまざまなものがあるので、それだけで完璧に測定できるわけではありませんが、実用的な目安とはなりえます。

裏を返せば、信頼を得るために、相手の価値観まで届く会話を心がけるというのも、よい方法といえるのではないでしょうか。

ここで気をつけたいのは、自分の信条や価値観などについて、すでに多くを語っているという場合です。しかし、相手の信条や価値観を知らないのであれば、そのコミュニケーションは一方向の深さでしかありません。そして、残念なことに多くの上司と部下との関係は、そのような一方向の深さで成り立っているケースが非常に多いのです。

あなた自身のことを考えてみましょう。あなたは今まで、過去のすべての上司に、自分の価値観を積極的に話してきたでしょうか？

一般的に、人は自分の大切にしているものを、内に秘めるように振る舞います。その理由のひとつは、「否定されたくない」ということがあるようです。価値観などは代表的なものになるでしょう。

上司になればなるほど、自分の価値観を語りやすくなります。日本の場合、上下関係を重んじる文化傾向があり、上司になればなるほど否定されるリスクが低くなるからということで説明がつきます。

したがって、相手が自分から語らない以上、上司としては聞くしかないということになります。しかし、ただ質問するだけでは効果がありません。質問に対し相手が答えてくれた時の、あなたの受け止め方が非常に重要になるのです。

例えば、相手にとても大切にしているペットがいたとします。ちょっとした会話の成り行きで、プライベートな電話の待ち受け画面の話になった時に、ペットの写真を待ち受け画面に設定していることを明かして、見せてくれた場合、あなたならどう受け止めるでしょうか？
　あなたの受け止め方としては、"否定的"と"肯定的"の2つがあるというのは理解できるでしょう。「なんだ、ペットの写真なんかを待ち受けにしているのか」ということが、言葉に出さないまでもあなたの表情や様子で伝わってしまったら"否定的"です。「お、かわいいね、名前は？」などより興味を持っていると感じてもらえるのなら"肯定的"といえます。
　"否定的"に反応してしまったら、もう二度とそのペットの話が持ち出されることはないでしょう。

　注意したいのは、"否定的"でなければよい、というわけではないことです。
　"否定的"でもなく"肯定的"でもない、3つ目の受け止め方である"無関心"も、結局のところ「自分が大切にしているものを、この人は大切には感じてくれないんだ」ということを伝えてしまいます。
　ここで、ペットであれば、それがたとえヘビであっても「すごいね！」という"肯定的"に受け止めることは可能そうですが、例えばジェンダーの問題など、あなたの価値観からは受け入れにくいものが持ち出された時は、どうすればよいでしょうか？
　ここでの嘘偽りはそもそもの信頼と反しますし、いずれにしても見破られてしまうものです。
　こんな時でも、対処できる魔法の信条があります。それは「（それがどんなものであっても）○○を大切に感じている、あなたは素敵である（私はまた違う感じ方だけれど）」というものです。
　その信条から発せられた言葉は、決して相手を傷つけることはありません。そのような信条を持って、臆することなく、相手の大切にしているものについて話題にしてみてはいかがでしょうか。

13 仕事と成長を支援する指導プロセス

 指導の章も、いよいよ終わりにさしかかってきました。読み進めてきたあなたは、もしかすると「ちょっとしたヒントがほしかっただけなのに、あれもこれもポイントがあって大変だよ」と思っているかもしれません。
 これこそ"実行コスト"を高く感じている状態で、このままだと、この先、さらに読み進んでいただけなくなる恐れがあるということです。
 なので、一度、今までの内容を一通りの流れとしてまとめておきます。「要するにこれだけ注意してやればいいのか」と、頭の中で整理してください。

 シーンとしては、あなたから声をかけて、必要な指導を行なうという状況を念頭に置きます。部下から声をかけてきた場合も、初めの方のステップが必要なくなるだけなので、中盤以降はそのまま適用可能だとお考えください。
 ここでは、話しやすい雰囲気作りをした後の指導プロセスをわかりやすいように、オープニング、エンゲージメント、クロージングの3つのステップに分けて見ていきます。

 オープニングのステップは、目的の会話に入るまでの助走部分といえます。目的の会話に入る時に、相手は何を話せばいいのかがわかり、かつ話したいという気持ちにさせる必要があります。
 エンゲージメントのステップは、指導の内容そのものです。仕事の問題点をお互いに認識し、対策を決め込んでいきます。場合によっては、"人"の部分にも焦点を当てる必要もあるかもしれません。
 クロージングのステップは、どちらかの、あるいは双方の"次の行動"

を最後に確認するステップです。また、今後のサポートの約束を伝えることで、部下の信頼感や安心感を得るための要素として活用していくのもよいでしょう。

【指導のプロセス】

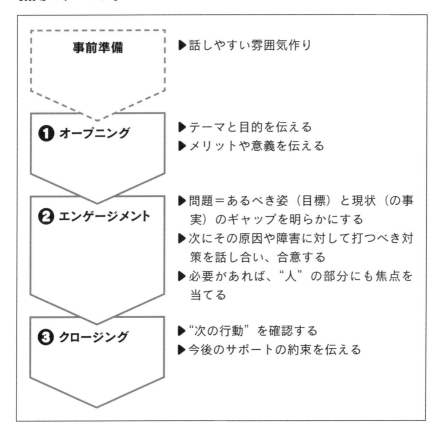

話しやすい雰囲気を作るやり方にはさまざまなものがありますが、王道は部下の頑張りについて肯定的なコメントをすることです。

「毎日遅くまで頑張ってるね」でもいいですが、さらに「○○さんが□□って褒めてたよ」という第三者の声を伝えるのもよいでしょう。また、

さらに「でも、ちょっときついなとか思うことはない？」と、コミュニケーションの深度を、事実関係のレベルから感情のレベルに、意識的に深めるのも部下との距離感を縮めるのに有効です。

部下から「○○の件なんですが……」と声をかけられた場合は、そもそもその件について話がしたいので、このステップは省略することができます。ただし、「今、忙しいから」と後回しに突き放したり、自分の仕事の手を止めずに話だけ聞こうとしたりなど、"話しにくい雰囲気"をわざわざ作らないようにしたいものです。

より具体的にポイントを説明していきます。

オープニングのステップは、テーマと目的を伝えること、そしてそのメリットや意義を伝えることの2つがポイントです。

テーマと目的を伝えることは、そもそも「何の話が始まるのだろう」という不安を払拭する効果があります。他には、会話の進め方を伝えるのもよいでしょう。

さらにメリットや意義として、単に「お願いしている○○の話なんだけど」と言うだけでなく、目的のひとつとして「（その仕事を）より効果的に進めるために」とか「成功を確実なものにするために」など、部下のメリットになることを付け加えるとよいでしょう。それによって、より積極的に「だったら詳しく説明した方がいいかな」と思ってもらえる可能性も高まります。

エンゲージメントのステップは、まず、問題＝あるべき姿（目標）と現状（の事実）のギャップを明らかにすることです。次にその原因や障害に対して打つべき対策を話し合い、合意します。さらに必要があれば、"人"の部分にも焦点を当てるという3つがポイントになります。

いきなり「何か問題はないか？」と聞くのは、「いえ、特に」と返ってきてそれ以上の情報が得られないリスクがあるでしょう。「今日は2日目だから……、どこまで終わっているのが理想的な進捗だったかな？」「それで、現状としては、どこまで終わっているの？」などが、具体的な"あるべき

姿（目標）"と"現状（の事実）"の質問例でした。さらに毎回、この順番に質問していくことで、自分から報告する際も、その順番で話せるようになる効用が期待できます。

　原因や障害に関しても、まず本人の認識を聞くことが大切です。ここで、たとえその回答がずれている感じがしても、「的が外れている」と頭ごなしに否定するのはやめてください。「だったら初めから教えてください」という典型的な"考えない部下"を育てることになるので、大変危険です。どのような回答でもまずは受け止め、否定的な言い方にならないように注意しながら、上司としての見解を伝えましょう。

　さて、打つべき対策として最も重視すべきなのは本人の考えですが、それだけでは足りないこともあります。請け負えることは請け負って、上司としての器を見せるチャンスだと思ってください。

　ここで、必要があれば、"人"の部分にも焦点を当てます。もし、問題になるような行動習慣がある時は、人（気持ち）そのものを変えようとするのではなく、行動分析のフレームをうまく使って、望ましい行動習慣の方が本人にとってメリットが大きくなるよう、新たなルールややり方などを提案するとよいでしょう。

　クロージングのステップでは、どちらかの、あるいは双方の"次の行動"を確認した上で、今後のサポートの約束を伝えるという2つがポイントです。

　エンゲージメントのところで合意した対策のうち"次の行動"を確認します。相手の行動だけが規定される場合もありますが、上司として請け負う部分があれば、それも改めて約束しておきましょう。

　この確認のステップにより「やっぱり相談してよかったな」という印象をより強めることができます。

　最後に、今後のサポートについては、業務指示の時と同様にタイミングを決めておけば、対面コストがぐっと下がり、次の時にも相談しやすくなるでしょう。

以上が指導の一連のプロセスです。このように、仕事を効率よく先に進める支援をしながら、同時に考えさせ、合意を導きながら、部下本人の"できる"ことを増やせるようにしたいものです。

> **ストーリー** 指導

　いつものように天王寺さんが仕事をしていると、技術の神田リーダーから「CS向上プロジェクトの件」というメールが入っているのに気がつきました。
　確認してみると、野田さんが担当している「お客さまの声」を集めるという仕事が、かなり遅れているようです。
　今日は野田さんと一対一の定例ミーティングの予定がありました。この件についても聞いてみようと、天王寺さんは考えました。

「待たせたな。どうだ、飲むか、キャラメルなんとかって、初めて注文してみたんだが」
　天王寺さんは買ってきたカップを野田さんに差しだしました。
「天王寺さんがキャラメルマキアートですか？」
　野田さんが、意外そうな顔をしています。
「なんだ、おかしいか」
「いえ、ギャップ萌えで魅力的です」
「まあ、いい。ほら」
「ありがとうございます！（一口飲む）ひさびさに飲むとやっぱりおいしい！」
「それはよかった。さて、仕事の話題に移ろうか……」
　その一言で野田さんの顔からは微笑が消え、神妙な様子になりました。
「訪問件数のことですよね……」
「まあ、確かに減っていて、それは営業上は望ましくないんだが、そこじゃない。表面上、無理して訪問件数増やしても仕方ないだろ。今日はCS向上プロジェクトの話を聞きたいんだ。その上で、一緒に対策を考えたい。野田も1人で考えるより、いいんじゃないか？
　まずは、野田から今までの経緯を話してもらって、気になる点は質

問するから。それで、何に手こずってるんだ？」
　営業としては訪問件数の話もしたいところですが、それよりも部長の肝いりの全社プロジェクトも大切です。
　野田さんは少し考え込みながら、話し始めました。
「実は……部の皆さんにもリスト作りにご協力いただいた、お客さまへのアンケートなんですが、思いのほか回答率が低くて、全然目標数に届いていないんです」
「そうか。まあ、お客さまといっても、ウチのことを気に入っている人もいれば、とりあえず使っているという人もいて、距離感はいろいろだからな」
「ちょっと計画が楽観的すぎたかなって」
　もう少し細かく状況を明らかにするために、天王寺さんは質問することにしました。
「計画のどれくらいなんだ？」
「はい。……まだ3割なんです」
　予想よりも低い数字に、天王寺さんは指導したくなるのをぐっと堪えて質問しました。
「そうか、何か手は打っているのか？」
「送ったのは一斉メールなので、気がついていらっしゃらない方が多いのかなと思って、自分のお客さまには電話をして。そこで、ああ、そんなのが来てましたね、と回答してくださる方もいらっしゃったんですが、電話も限界があるし、どうしようかなって」
「そうか、原因を考えて、ちゃんと行動もしてるんだな。確かに、リストを作ったあの全員に電話をするってのは現実的じゃないよな」
　野田さんも放置していたわけではないようです。しかし1人でなんとかなる問題でもないように思えました。
「これ以上、営業の皆さんにお手間をかけてもらうわけにも……」
　野田さんとしては、これまでも営業メンバーに助けてもらっており、これ以上何かお願いをするのも難しいと思っているようです。

「目標と現状のギャップを把握し、原因を考えた上で対策を打つ、というのは問題解決の基本だが、もう1つ、別のやり方もあるんだぞ」

「えっ？」

「目標を変えてしまう。営業の数字ではできないことだけれどな」

「目標を？」

思ってもみない天王寺さんの言葉に、野田さんは驚きました。

「そう。計画が楽観的すぎた、って言ってただろ。問題はそっちかもしれないってことだ。それに、大事なのは数か？ 何のためにお客さまの声を集めてるんだ？」

「……よりお客さまに喜んでいただけるサービスを生み出すため、です」

「そうだよな。もちろんお客さまの声が多くあった方がいいかもしれない。でも今、すでに集まっている情報の中に、新しいサービスへのヒントは十分にあるんじゃないか？」

その言葉に、野田さんはアンケートの回答内容を思い出しました。

「確かに。回答くださっているお客さまの多くは、想定以上に自由回答のところにいろいろ書いてくださっているんですよね」

「ちょっと計画とは違うだろうけれど、そちらの情報を整理してプロジェクトメンバーに報告する方が、実は新しいサービスを生み出すには近道かもしれないぞ」

確かに、天王寺さんの意見も一理ありました。

「でも、皆さんにはなんとか5割に届かせるよう頑張りますって約束しちゃったんです……」

実のところ、どうやって回答率を上げればいいか試行錯誤していることが、訪問件数の減少にも影響しています。

「うん、そのことなんだが、実は技術の神田リーダーからメールがあってな。ちょっと野田にばかり役割を押しつけすぎていると感じている、とも言ってくれてるんだ。アンケートの回答数なんかより、プロジェクトの進捗の方が重要だ、とも」

「そうですよね、お待たせしちゃっていて……」
野田さんはうつむいてしまいました。
「どうだ、お前が言いにくかったら、神田リーダーの方には俺の方から説明しておくから、次回までにお客さまの自由回答の声をまとめてみては？」
「はい！　それなら、すぐにでも取りかかれます！」
途方に暮れていた野田さんですが、少しホッとしたようです。
「それはよかった。野田は責任感が強いのはいいんだが、時として目先のことばかり考えて、その目的を忘れがちなところもあるぞ。何事もバランスが大事だからな」
「……そうですね。でもありがとうございます。一気に道が開けた気がします」
野田さんは天王寺さんに頭を下げました。
「さて、じゃあ、オレは神田リーダーに電話しておくから、野田は情報整理を頼む」
「はい！　それに顧客訪問も」
今すぐにでも作業に取りかかろうと、野田さんは立ち上がりました。
「そっちも本当に大事なのは訪問件数じゃないぞ。気になることがあったら遠慮なく言ってくれ」
「はい。お客さまにお喜びいただく、そんな気持ちで頑張ります！」
・・

解　説

　「CS向上プロジェクト」で野田さんの担当している仕事が遅れているようです。

　まずは雰囲気が固くなりすぎないように野田さんの好きなキャラメルマキアートを買ってきて、雑談から入っています。このような単なる事実について以上のコミュニケーションをしているところから、信頼関係があることが伝わってきますね。

　それから、質問によって具体的に掘り下げていくことで、現状（の事実）とあるべき姿（目標）のギャップが明らかになりました。

　このような現状になってしまった原因について、野田さんは「計画が楽観的すぎた」と考え、自分なりに対処しようとしていたようです。

　天王寺さんは、野田さんが1人でやろうとしていたことについて、一応の理解を示していますが、上司として「仕事の目的」を問いかけ、目標の見直しを提案しています。

　しかし、野田さんとしては「回答率5割に届かせるよう頑張る」と約束してしまったことが気になっているようです。

　そこで、天王寺さんは「神田リーダーに自分から事情を説明しておく」と請け負っていますね。そして、次に何をしたらよいか、具体的に指示を出し、野田さんが仕事に取りかかりやすいようにしています。また、"人"の部分に焦点を当て、「目先のことばかり考えて、目的を忘れがち。バランスが大事」というアドバイスもしています。

　そして最後に、お互いの次の行動を確認していました。

　このように天王寺さんは問いかけたり、アイデアを出したりしながら、野田さんの仕事を後押ししていました。野田さんも、高いモチベーションを保ちながら、成長していけることでしょう。

4章

OJT

1 "進捗確認なしでも期限内に完了できる"を最初の目標にする

　上司の仕事は、究極的には"部下によい仕事をしてもらう"ことであると、本書では定義しました。そこまでいく手前に、ある仕事を任せたら"進捗確認なしでも期限内に完了できる"ことを、最初の目標としてみます。
　これを達成するだけでも、上司としてのあなたは、その仕事を安心して任せられることになるわけですから、ずいぶん気も楽になり、労力もかけずに済むようになるでしょう。

　それでは、いつ、どのようにして、この仕事は任せて大丈夫だと判断できるのでしょうか？
　例えば、他部署へ引き渡さなければいけないデータをエクセルで加工し、作り上げるという仕事があったとします。その作業の中に、普通ならあまり使わないような関数や、マクロを活用する部分が含まれている場合、一番初めは手順を説明し、場合によっては手取り足取り教えることになるでしょう。ほぼつきっきりで教えてやっとできるようになった次の機会に、もう"安心して任せられる"でしょうか？
　おそらく、次の機会には「手順は前と同じだけど、わからないことがあったら聞いてほしい」というような仕事の指示になるでしょうし、その時、1つ2つ、改めて確認しなければいけない作業があったら、まだ"安心して任せられる"状態とは言い切れないでしょう。
　さらに次の機会にも、同様の指示をして、その時に途中であなたに（あるいは他の誰かに）質問することなく、その仕事を期限内に完了させることができたら、初めて「これで、この仕事は安心して任せられる」という判断になるのではないでしょうか？

この例では、業務指示をして、途中の指導があり、完了を確認する、という一連のプロセスを3回繰り返し、4回目で初めて安心して任せられる状態になったといえます。そして、その判断は実は3回目の仕事の完了時になされ「もう大丈夫」とあなたの頭に刻み込まれたことになります。
　4回目で安心して任せられるのであれば、なかなか早い方でしょうか？それともあなたの期待としては、もっと早く任せられるようになってほしいでしょうか？
　もちろん、任せる相手の習熟度や仕事の難易度によって、期待はまちまちだと思います。いずれにしても"できるだけ早く"任せられるようになるとよいことに変わりはないでしょう。

　本章では、業務指示をし、その後の指導があり、最初の目標として"安心して任せられる"状態になるまでの一連のプロセスを、できるだけ早く回していけるようにするためのポイントを扱います。
　この時、熟達者がそばにいなくても、マニュアルなど手順や判断のポイントなどを確認できるツールがあれば、幾分安心かもしれません。しかし、あなたが「任せたい」と思うのは、そのような仕事ばかりではないでしょう。
　手がかりになるようなツールがなかったとしたら「この仕事は、このような手順で進め、こういう場合は、こんな判断が必要だ」という一連のやり方を、任された一人ひとりが意識的に理解できていて、さらに実際に、判断や実行できることが求められます。

　ここで重要なのは、単にできるというだけでなく"意識的に理解できている"ということです。できるというだけの状態とは、例えば料理なら行き当たりばったりの調理をするというのと同じようなもので、品質（衛生・味）の保証がなかったら、やはり安心して任せられるというのには心もとないでしょう。
　業務指示、指導の章では、"できる"までのサポートを上司としてどのよ

うに行なうかについて解説してきましたが、このOJTの章では、任された仕事の一連のやり方を"意識的に理解できている"ようにするために、上司として何をしていけばよいのかについて解説していきます。

　内容に入る準備として、次ページのワークシートにあなたが"任せきりたい"と思う仕事をリストアップしておきましょう。

📖 メンバーに"任せきりたい"仕事

あなたがメンバーに"任せきりたい"と思う仕事をリストアップしてください。

仕事内容	マニュアルなどの ツール（の有無）	誰に

2 OJTとは"振り返り"で仕事の中から学ばせること

　さまざまな事柄を"意識的に理解できている"そして"実際にできる"ようにするために、多くの世界のプロフェッショナルが実践していることがあります。それは"振り返り"です。

　自分自身で内省するという他に、コーチがそれを行ない、プレイヤーに伝えるケースもありますし、メンバーで直近の試合のビデオを観るなど、チームで行なうこともあるでしょう。

　振り返りは"何が（どこまで）うまくいって"、"何が（どこから）うまくいっていないのか"を明らかにするのが基本です。これが、まさしく意識的に理解できているということに他なりません。

　例えば、野球であれば、内角のこの高さまでは身体をうまく使えて、バットの芯でボールを捉えられるが、それ以上になると、身体が開いて凡打になってしまう、などです。

　そこまで意識的に理解できている状態であれば、それ以上に"実際にできる"ようにするためには、うまく打てる高さと、そうでない高さを交互に練習しながら、うまく打てる身体の感覚と領域を、徐々に拡げていくというやり方もすぐに思いつくでしょう。

　では、営業の仕事で、ある商品の説明ではお客さまを惹きつけることができるけれど、新しい商品の説明では全く興味を引くことができないということが、振り返りで明らかになったらどうでしょうか。その違いを自覚し、うまくいっている商品と同じように、新しい商品を説明できるようにするということになるでしょう。

　その違いが声の調子や表情にあるとしたら、うまくいっている方に合わせて新しい商品の説明を練習すれば、ほどなく新しい商品でもお客さまを惹きつけることができるようになるでしょう。

しかし、このように"何が（どこまで）うまくいって"、"何が（どこから）うまくいっていないのか"が自覚できていないまま、ただ試合や仕事を続けていったらどうなるでしょうか？　打率はどこかで頭打ちになり、売上もどこかで伸び悩んでしまうはずです。

OJTとは、仕事の中で"振り返り"をきっちりと行ない、"これは（ここまでは）うまくいく"ということを、徐々に増やしていくことなのです。それは、ただ漫然と仕事をしていくだけとは全く異なります。

さて、ここまでの説明で、現場からボトムアップで作業効率の向上などの活動を行なうカイゼンと似ていると思われたでしょうか？　確かに、半分は似ています。

日本流のカイゼンでは、主にうまくいかなかったこと、問題があったことに焦点を当てますが、ここでの"振り返り"は、そのようなマイナス面だけでなく、うまくいったこと、できるようになったことなど、プラス面にも目を向けます。

例えば、より効率的な身体の使い方をするために、フォームの改造をしているプロスポーツの選手がいたとします。この時、自分のフォームをチェックするために動画を利用しているならば、もちろん改善ポイントにも気をつけますが、それだけでなく、うまくいっている瞬間を客観的に目に焼きつけておくことで、次回、同じように身体を動かせるようにイメージを強化することができます。そして、それが繰り返されることで、新しいフォームに身体が慣れ、よりよい結果につながっていくことでしょう。

上司としては、このような"振り返り"をサポートすることが、一つひとつの仕事をマスターさせ、ある仕事を任せたら"進捗確認なしでも期限内に完了できる"ようにする秘訣といえるでしょう。

本章では、この振り返りのサポートについて、より深く見ていきたいと思います。

3 OJTのための経験学習のプロセス

　仕事の経験の中から学び、それをまた仕事に活かしていくというOJTの基本的な考え方は、20世紀初頭に活躍した哲学者ジョン・デューイによって確立されたといわれています。その後、それを発展させ、組織行動学者デービッド・コルブが経験学習というシンプルなモデルにまとめました。
　このモデルは、以下の4つのステップからなる循環プロセスです。

【経験学習のプロセス】

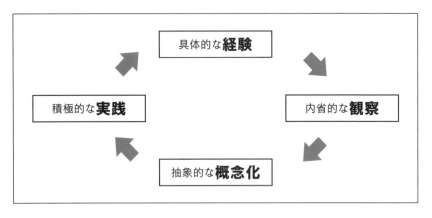

　具体的な経験というのは、実際に仕事などをするステップです。PDCAとの共通点も多いですが、計画があるかないかは問われません。
　内省的な観察というのは、具体的な経験、つまり仕事をしてみたことを分析的に振り返るステップです。どんなことが起きて、（その状況で）何をしたのか、その結果どうなったのか、という事実ベースの振り返りだけでなく、なぜその判断をしたのか、どんな気持ちだったのか、という感情面も内省します。

抽象的な概念化というのは、その経験を次の（別の）実践に活かすために、言葉にしておくステップです。
　積極的な実践というのは、抽象的な概念化で言葉にしたものを、実際に活かすステップです。カイゼンと違うのは、最初のステップと同じ仕事で活かすということでも、異なる仕事にする時に活かすということでも、どちらでもいいということです。逆に言えば、異なる仕事でも活かせるように、うまく一般的な言葉にしておくというのが、抽象的な概念化のポイントともいえるでしょう。

　このモデルは、どのような経験からでも"学び"を獲得できる、とてもパワフルなものです。
　例えば会議の招集で、大勢の関係者に日時と場所をメールし、出欠を取る、という仕事があったとします（具体的な経験）。
　本来なら3日前にはできていなければならない出欠一覧が、ギリギリ前日になってようやく作れたという状況を振り返ってみると、下記の通りでした。

- 出欠の締切を4日前に設定してメールしたが、その時までに返事が集まったのはわずか数名で、10名以上が未回答だった（具体的な経験）
- 3日前の朝、未回答のメンバーにメールを改めてしたが、夕方までに返信があったのは1名で、そこから電話で確認を始めたが、まだ5名は電話がつながらなかった（具体的な経験）
- 2日前、前日と折を見て電話をかけたが、結局、最終的に全員の出欠が判明したのは前日ギリギリになった（具体的な経験）
- 当初メールで連絡すれば、締切までに全員が返信をくれるものだと判断したため、対応が3日前からになってしまった（内省的な観察）

　このような振り返りから、例えば「メールでは返信をくれない人が必ずいるという前提で、段取りをした方がよい」という学びを得られるでしょ

う（抽象的な概念化）。

　その学びを次に活かすとすれば、会議の招集だけでなく、他部署や社外の人へメールで仕事を依頼する時にも、合わせて確認の電話をするなどのより確実なやり方を取ってみる、といったことがありえます（積極的な実践）。

　結果、さまざまな仕事が円滑に進むようになったとすれば、なかなかの成長ということになるのではないでしょうか？

【経験学習のプロセス―会議の招集（例）】

具体的な**経験**
- 3日前には出欠リストができている予定だった
- メール連絡した締切日に、10名以上未回答
- 電話で確認したが、3日前の時点で5名未回答
- 前日ギリギリで出欠リストができた

内省的な**観察**
- メール連絡すれば全員返信があると判断したため、電話での対応が遅れた

抽象的な**概念化**
- メールでは返信をくれない人が必ずいるという前提で段取りをした方がよい

積極的な**実践**
- 会議の招集だけでなく、他部署や社外の人への依頼でも、メールとあわせて電話連絡をしてみる

このように、1つの仕事と次の仕事の間に"内省的な観察"と"抽象的な概念化"のステップを入れることで、OJTがより効果的に機能するようになります。
　上司としての振り返りのサポートとは、この2つのステップを、初めは丁寧に、そして最終的には自分だけでできるようにすることに他ならないのです。

　本章では、任された仕事の一連のやり方を"意識的に理解できている"ようにすることをテーマにしてきました。たいていの仕事というのは、繰り返しによって"とにかくできる"ようにはなります。それと、"意識的に理解してできる"というのは何が違うのでしょうか？
　わかりやすいのは営業の例でしょう。営業の現場というのは、まだまだ勘と経験がものをいうと、信じられている世界です。確かに、営業に配属された新人も、とにかく多くのお客さまのところに訪問し、自社の製品やサービスを説明し、それがうまくお客さまのニーズに合えば、売れていきます。自分なりになんとなくコツをつかむのも、売上を伸ばしていくのも、より多くのお客さまのところに訪問することが肝要であることは間違いありません。
　ここで、新しい商品やサービスが出て、お客さまの市場も変化した時、"とにかくできている"だけの営業担当者と、"意識的に理解してできている"営業担当者では、大きな差が出てきます。
　"とにかくできている"だけの営業担当者は、その新しい商品やサービスが売れ始めるまで、また最初から経験を積み重ねる必要があります。そこまでの経験によって、度胸はついているかもしれませんが、なまじ経験があるだけに、売れない時期が続くと、新しい商品やサービスでの経験を積み重ねる前に、嫌になってしまうかもしれません。

　"意識的に理解してできている"営業担当者は、まず「そのままでいけることは何か？」と「変えなければいけないことは何か？」を見つけようと

します。お客さまと初めて会う時にどのように自分を印象付けるのか、どのように会社や自分の紹介をするのか、お客さまのニーズを引き出すためにどんな話題が適当なのか、などです。

　「今まではこのようにしてきた」ということが"意識的に理解してできている"ために、このような分析が可能になります。もちろん、トライアンドエラーはありますが、"とにかくできている"だけの営業担当者と比べて、いち早く新しい商品やサービスの売り方のコツをつかんでいけるでしょう。

　このことは、営業の仕事だけに当てはまることではありません。"とにかくできる"だけの状態というのは、多くの場合、そのことはうまくできても、ちょっと応用しなければいけない、少しずつ変化に対応しなければいけないという時に、それまでのようにできるとは限らないのです。

　一方、"意識的に理解してできている"状態は、応用や変化が求められた時に、臨機応変な対応が可能です。世の中の動きがますます加速する現代、もはや「同じ仕事だけを20年続けています」ということが、なかなか許されないビジネス環境になってきました。あなたの部門の仕事も、部下のキャリアも、常に変化への準備を整えておく必要があるといえるでしょう。

　この"意識的に理解できる"をサポートするのが、経験学習のプロセスの内省的な観察と、抽象的な概念化なのです。

　上司という立場では、つい仕事の結果にばかり目がいきがちですが、「その結果をもたらした過程では、何があったのか」を確認した上で、さらに「そこから学べることは何か」まで部下と対話ができるとよいでしょう。

　例えば、先の営業のケースでは、「今日、何件回れたんだ？」（仕事の結果）だけでなく、「どんな話をしたんだ？」「お客さまはどんな反応だったんだ？」（過程で何があったのか）という質問をしてみましょう。

　その上で「どんなことを学べたと思う？」と質問するのです。その中で

「最近は、環境問題に関連した内容に、興味を持ってくれるお客さまが増えてきたと思います」などの答えが返ってくるようになったら、そこで「じゃあ、次から意識的にその話をしてみたらどうだ」と後押しすることで、上司として、"意識的に理解してできている"をサポートできるでしょう。

4 "できる"が"やろうとしない"こともある

　さて、ある仕事を任せたら"進捗確認なしでも期限内に完了できる"を最初の目標とした時、"できる"だけをサポートすれば、後は安心して任せておけるでしょうか？

　ここで気をつけておかなくてはいけないのは"できる"けれども"やろうとしない"こともあるという事実です。
　これに当てはまるのは、難しいことよりもたやすいことの方かもしれません。例えば、交通費の精算伝票の処理など、どこに何を書けばいいのか、自分が使った交通機関の運賃はいくらなのかなど、すぐに理解でき、"できる"はずなのに、毎月のように締切を過ぎても精算しない人がいるものです。
　「それは特別な人のケースだよ」と思われるでしょうか？　それでは、黄色の信号はどうでしょう？　黄色の信号は、道路交通法では「止まれ」のサインです。そのまま交差点に進入してよいのは、安全に止まれない場合だけです。
　黄色の信号を見た時に止まるというのはたやすいことで、十分に"できる"ことといえます。しかし、交差点で観察していれば、止まれるのにそれを"やろうとしない"ドライバーを、多く数えることができるでしょう。
　したがって、仕事を頼んだら、後は安心して任せておけるようにするためには"できる"のサポートだけでは不十分なこともあるということです。
　「仕事なんだし、"できる"んだったら、頼まれたことはちゃんとやるだろう」と考えるのは早計です。部下の立場からすると、あなたが頼んだ「その仕事だけをやればいい」というわけではありません。たいていの場合は、他にも重要な仕事があるものです。

例えば、技術部門で、ある製品シリーズの全体像を概観するために、個々の製品仕様書からスペックをピックアップして、見やすいようにした比較表の作成を任された若手がいたとしましょう。どこに仕様書があるのか、スペックのどの部分を比較するのかを明確にしておけば、たやすく"できる"仕事といえます。

　しかし、その若手が他にもある部品の設計を任されていたとすると、「スペックの比較表の仕事は、なかなか忙しくて取りかかれない」と悪びれずに言い訳する可能性があります。

　本当に忙しくてできない場合もあるかもしれませんが、なんとなく"やろうとしない"で後回しにしているだけかもしれません。

　このように、部下の仕事は複数あるのが普通ですから"やろうとしない"だけなのに、別にサボっているわけでもないということが起きうるのです。しかもそのようなケースでは、本人も別にただ"やろうとしない"だけということを、自覚していないこともあるでしょう。

　「それは、時間管理の問題だよ」と思われる方もいるかもしれません。確かに、タスクを洗い出し、さらにそこに期日を書き込んだ一覧表で管理していけば、毎日、どのくらいの時間をそれぞれの仕事に割いていけばいいのか、見通しがつけやすくなります。"やろうとしない"仕事であったとしても、期日が迫ってきたら「そろそろやらなきゃ……」と重い腰も上がり、期日通りに仕上げてくれるでしょう。

　しかし、業務指示の章でご説明したように、モチベーションには"やらされて／仕方なくやる"モチベーションと"自発的な"モチベーションの2つがあります。この研究をした心理学者デシによれば、"自発的な"モチベーションで仕事をしている組織のほうが生産性も高く、また忙しくても精神的・肉体的にも健康で、持続的な成長につながりやすいことがデータで示されています。

　もちろん上司として、部下の"やろうとしない"仕事を放置しているわけにはいきません。「なぜ早くやってしまわないんだ！」と叱咤したり「い

つになったら取りかかるんだ？」と詰問したりして、やらせることはできるでしょう。

　しかし、それでは安心して任せておけるというのとは、ほど遠い状態です。むしろ、今後もずっと見張っていないといけないかもしれません。それでは本末転倒です。

　振り返ってみると、これまであなたがこなしてきた仕事、つまり「できる」状態になっている仕事の中にも、やりたいからやるという仕事と、やりたくなくてギリギリまで"やろうとしない"仕事があったのではないでしょうか？

　次から部下の「できるし、やりたいからやる」をどのようにサポートするか、詳しく見ていきます。その前に、あなた自身の「できる」や「やりたい」をワークシートで整理してみましょう。

📖 あなたの"できる"と"やりたい"

上司として自分ができること、やりたいことについて書き出してください。

"できる"仕事リスト	やりたい度 低　　　　　　　高
☐	├──┼──┼──┼──┤
☐	├──┼──┼──┼──┤
☐	├──┼──┼──┼──┤
☐	├──┼──┼──┼──┤
☐	├──┼──┼──┼──┤
☐	├──┼──┼──┼──┤
☐	├──┼──┼──┼──┤
☐	├──┼──┼──┼──┤
☐	├──┼──┼──┼──┤
☐	├──┼──┼──┼──┤

5 「できる」「やりたい」を支援するフィードバック

　振り返ってみて、あなたはどんな仕事を「できる」「やりたい」と思ってきていたでしょうか？
　一般的には、自分の中でも成長したなど手応えを感じる部分があることや、また、外から見ても成果が出ているとか、感謝や報酬に値するとか、何かしら認められる部分を目指せるようなことではなかったでしょうか？
　ケラーという心理学者の研究の成果であるARCSモデルでは、Confidence "できる" という自信と、Satisfaction "やってよかった" という満足感が、モチベーションを持続させるために重要であると言われています。

【ARCSモデル】

ARCS	部下・メンバーの動機付け
Attention 注意	面白そう 好奇心が刺激された
Relevance 関連性	自分の興味・関心・経験と関連性がある
Confidence 自信	自分でもできそうだ 自信がついた
Satisfaction 満足感	実践してよかった また次も挑戦してみたい

　動機付けについて、業務指示の時のケースはすでに説明しましたので、ここでは、仕事の途中や、1つの仕事を終えてのフィードバックの時に、どのように「できる」「やりたい」を支援すればよいかを見ていきましょう。

カイゼンを是とする日本人のPDCAの感覚では、フィードバックと言うと、何か問題があったものに対して、原因を分析し、次に改善するためにどうしたらよいかを伝えるプロセスの一部のように感じてしまいがちです。それが主題の会話の中には「できる」ことや「やりたい」ことについて、触れられることはないでしょう。

　もちろん、問題があったことに対しては、ロジカルに問題解決を図る必要があります。この点については、すでに指導の章で触れました。

　しかし、それだけで終わってしまっては、全く「できる」「やりたい」を支援することはできません。

　また、何かフィードバックをするのは問題があった時だけで、無事に仕事を終わらせた時には「よく頑張った、次もよろしく」の一言で会話が終わってしまっていないでしょうか？　これでは上司としてのあなたの印象は「問題があった時だけ、耳が痛いことを言う人」ということになりかねません。

　ある物事を、相手が「できる」「やりたい」と思えるように支援する場面というのは、ビジネスの状況にとどまりません。

　ジムのパーソナルトレーニング、子供の着替え、イルカのジャンプ、犬のフリスビーキャッチなど、さまざまなレベル、シチュエーションでそれは行なわれています。

　間違った時に正すだけのフィードバックでは「できる」「やりたい」という気持ちを支援することはできません。「怒られないようにやる、仕方なくやる」になるだけです。それでは、優秀なトレーナーやしつけのプロは、フィードバックで何をしているのでしょうか？

　例外なく行なっているというのは、そこそこうまくできた時に、きちんとできていることを伝え、さらに奨励をするということです。しかもその奨励は、それを受けた本人が「うれしい、できてよかった」と感じるものであるでしょう。ジムのパーソナルトレーナーはハイタッチをするかもし

れません。子供にはぎゅっと抱きしめることが有効かもしれません。イルカや犬には餌やご褒美が与えられるでしょう。

　ただ残念ながら、特に日本では学校教育からビジネスの世界まで、そのようなプラスのフィードバックによる成長支援は一般的ではありません。
　それはつまり、上司の側が「そのようにフィードバックされたことがない」可能性が高いということです。しかし、それは裏を返せば、あなたにとっても新たなスキルを獲得できるチャンスなのです。
　プラスのフィードバックによって、部下も「できる」「やりたい」という気持ちになりますが、同時にそれを目の当たりにしたあなた自身も、Confidence の"できる"という自信と、Satisfaction の"やってよかった"を手にすることができるでしょう。
　「いや、うまくいった時には自分でもそれがわかるはずだし、わざわざ人から言われなくてもいいよ」と思う方もいるかもしれません。「自分は成長とか手応えは、自分の中で感じてきたよ」という主張ももっともです。しかし、人によっては、それをあえて他人から言ってもらえないと自覚できないという場合もあるのです。
　そのリスクをできるだけ避け、確実に部下の「できる」「やりたい」を支援できるように、まずは、あなたのフィードバックのチェックリストで確認した上で、さらにプラスのフィードバックを実践するためには何をすればいいのかについて、学習していきましょう。

フィードバックの経験

あなたがこれまでに受けてきた仕事上でのフィードバックを、振り返ってチェックをつけてください。

- [ ] これまでの上司のうち半数以上は、完了報告の時に何もフィードバックしない人だった

- [ ] これまでの上司のうち、自分の強みを具体的に言ってくれた人は半数以下である

- [ ] 褒められるのは10回に1回くらいが、自分を成長させるのにはちょうどいいと思う

- [ ] やり方を教わることはあっても、自分のやり方で合っていると言われたことはあまりない

- [ ] PDCAは問題があることを改善する手法だと教えられてきた

- [ ] 問題があった時に会議などで議題の中心となることはあるが、うまくできている時に会議などで議題の中心になることはない

チェックの数が多いほど、プラスのフィードバックの経験が少ないといえます。意識的にプラスのフィードバックをしていくとよいでしょう。

6 "フィードバック＝嫌な場" になっていませんか？

　フィードバックの時に、上司が何をすれば「できる」「やりたい」を支援できるのかを考える時のヒントは、"マスタリーラーニング（完全習得学習）"と呼ばれる学習方法の中にあります。
　"マスタリーラーニング"とカタカナ言葉で言われるとなんとなく近づきにくいかもしれませんが、"公文式"と呼ばれる子供の学習法や、イルカや犬などの訓練がそれに当たります。とにかく"できた"ことに焦点を当てて、「今のはよかった」と認め（動物ならご褒美を与え）、「次はもう少し先を頑張ろう」と励ますのです。

　これらの学習方法は、そもそもの習得すべきものの1つのステップが細かく分かれていて、無理なく一つひとつを"できる"ようになってから先に進めるようになっているのが普通です。
　ところが、仕事の場合は往々にして、1から10まで全部できなければ、それが「できた」とはいえないというものが多くあります。その場合、本来なら"できている"部分と"まだできていない"部分に明確に分け、"できている"部分は認め、"まだできていない"部分は次から意識させるという2つのアプローチを組み合わせなければなりません。ですが、日本人は往々にして、後者だけのフィードバックで終わらせてしまうことが多いようです。
　しかも、そのような人の言い分を聞くと、「まだできていない部分を意識させないと、いつまで経ってもできるようにはならない」という主張をします。それももっともなのですが、"できている"部分を認めることと、"まだできていない"部分を次から意識させることは、どちらかしか選べないという二者択一ではありません。"できている"部分、"できていない"部

分という順番で、両方ともフィードバックに取り入れることが可能なのです。

あるプロのスポーツインストラクターは、フィードバック時の留意点について、「スポーツはどこまでいっても完璧はないので、失敗があっても"できない選手"という烙印を押すのではなく、"できる途上の選手"と考えて、何ができていて、何がまだできていないのかをちゃんと把握して、フィードバックするようにしています」と語っています。

また、アジリティという犬の競技のトレーナーは「とにかく"訓練＝楽しいこと"と犬が感じるようにしなければ、犬はどんどん消極的になるので、そこに気をつけています」と語っています。

日本の文化は「完璧が当たり前」というカルチャーで、それが美徳でもあり、ゆえに小さなミスも見逃さないことが大切であると考えられています。しかし、ことフィードバックにおいては、できていないことやミスの指摘しかなかったら、"フィードバック＝嫌な場"としか感じられないようになってしまいます。

まずは、"フィードバック＝できていることを認めてもらえる場＋次の成長のチャンスはどこかを指し示してもらえる場"と部下が感じられるようにしていく方が、自発的で、かつ早い成長を促せるでしょう。

7 質問は情報収集のためだけでなく"自覚させる"ため

　プラスのフィードバック、つまり"できている"ことを認め、自覚させるためのアプローチの基本は"観察"です。しかしながら、マンツーマン指導で、他に上司の仕事がないならともかく、実際は一部始終を見ているわけにはいかないのが現実です。

　このような場合、有効なのは本人に聞いてしまうこと、すなわち"質問"を用いるとよいでしょう。仕事が一通り終わったという状態になるまでは、必ず本人が仕事を推進してきた部分があるからです。

　もちろん、結果として完璧でないこともあるでしょう。その場合は、何かしらその原因となる部分があるに違いありません。したがって、フィードバックの時、質問によって得たい情報は次の4点になります。

【質問によって得たい情報】

> ・仕事として、ここまではできたということ
> ・上記のために、役に立った知識やスキルなど
> ・仕事として、まだできなかったこと
> ・上記を補うために、さらに必要な知識やスキルなど

　例えば、窓口での顧客対応業務だったら、次のようになります。

- マニュアルにあるクレーム処理はできるようになった
- そのために、怒っているお客さまに対応するスキルが役立った
- マニュアルにないクレーム処理は上司への相談が必要
- マニュアルに載っていない多くの事例の知識が必要である

そのための質問としては、次のようなものになるでしょう。

- 窓口の顧客対応業務で、これはできるようになったと思うことは何かな？
- それがうまくいったポイントはなんだと思う？
- まだうまくできない、と思う業務は何かな？
- そのためにどんなことを勉強すればいいと思う？

上記は、多くの種類の業務があり、この業務はできるようになった、この業務はまだできない、というわかりやすい例でした。
営業職など、数字で達成度合いが計られる職種はどうでしょうか？ たとえ達成率が70％などでも、次のような質問ができるでしょう。

- 70％まで達成できたという観点で、これはうまくいったということは何かな？
- それがうまくいったポイントはなんだと思う？
- 未達成の30％に目を向けた時、あとこれがうまくいけばいいと思うことは何かな？
- そのためにどんなことをやっていけばいいと思う？

このような質問は、観察では得られなかった情報を収集でき、フィードバックに活かせるという側面もありますが、同時に、答えた本人が「ここまではできた」「（新しく）こんな知識やスキルが身についた」と自覚できるチャンスを提供するという側面もあります。
あなた自身が忙しくて、部下の観察がままならない場合でも、質問をうまく活用することで、フィードバックをより豊かなものにしていくことができるのです。

8 期待するレベルに達していなくても、感謝の言葉はかけられる

「目標は100％達成できてこそで、6割や7割の到達度では、とうてい認めることはできない。人によってはルーチンでいつものことを繰り返しているだけで、成長などないことだってあるのでは」と感じることもあるでしょう。

また、「全く期待するレベルでないのに、できていることに焦点を当てていては、本当に期待するレベルに達した時の、お互いの喜びも小さくなってしまうのでは？」という懸念もあるかもしれません。

確かに、褒められる体験には慣れが蓄積し、その効力が小さくなったり、逆に褒められないと次のやる気が起きない、という影響を及ぼしたりする、という研究もあります。

いずれにしても、PDCAの中でのフィードバックで大切なのは、"次に活かす"ということです。そのために、どのようなフィードバックをするのが最も有効なのか、という判断が必要になります。

よく「自分ができていないことがわかれば、もっとできるように次からは頑張るのが普通だ。だから、できていないことをわからせるのが一番効果的なのだ」と主張する人がいます。実は、この主張の前半分は正しいのです。できていないこと、つまり目標と現状のギャップが明確になると、人はそこに焦点を当てて行動を起こしやすくなるからです。

しかし、だからといって後半分の「できていないことをわからせるのが一番効果的」かは、ケースバイケースです。営業など目標が明確な職種はもちろん、間接部門であっても、意外なほど、人は"自分のできていないこと"を知っているものです。

子供に夏休みの宿題を、早く終わらせるよう促そうとして「夏休みの宿

題は終わってる？　早くやり終えなさい」と言うのは、モチベーションの観点からは逆効果で、たいてい「今やろうと思ってたのに、やる気がなくなった」という答えが返ってくるだけです。

　自分でもわかっている、まだできていないことを他人から指摘され、それでモチベーションが上がってウキウキして取り組めるようになる人はごくまれなのです。

　もちろん、客観的事実として、ここまでできて、ここからはできていない、と認識することは大切です。しかし、それはあくまで指摘ではなく、お互いの確認、というスタンスの方が本人にとっても受け入れやすいに違いありません。

　また、楽観的な部下の場合、できていることを話題に持ち出すのは勘違いされそうで怖い、ということもあるかもしれません。

　この場合でも、部門としてはメンバーの一員として、その人が働いてくれていたおかげで、あなたも含む他のメンバーは助かっているのも事実でしょう。もし、その人がいなくなってしまったら、人員が補充されるまでは他のメンバーがそれをカバーしなければいけないわけで、たとえそれが期待するレベルではなくても、ありがたいことなのです。

　したがって、常に、部門の仕事の一部を請け負ってくれているという観点から、お礼を添えるのは悪くないやり方です。

　「仕事なんだから、役割を果たすのは当たり前で、別に"ありがたい"ことはないだろう。それで給料をもらっているんだし」と、思われるでしょうか？

　心理学者のD.アリエリーの研究によると、会社からの金銭的な報奨によって引き出されるモチベーションよりも、上司からの一言によって引き出されるモチベーションのほうが、はるかに高く、持続的であったという結果が出ています。

　ここでの研究でいうモチベーションとは、心の持ちようというだけではなく、1週間の生産性を指標にして測られています。つまり、部下により

よい仕事をしてもらうために、組織から金銭的な報酬を出すよりも、上司が感謝や奨励の言葉をかける方がより効果的であるということです。

「いつも○○をしてくれて、助かっている」「今回□□役を引き受けてくれて、助かった」など「ありがとう」という感謝の言葉を添えるだけで、部下がよりよい仕事に向かうとしたら、その手間をかけない手はありません。

また、その後、フィードバックで多少の苦言を呈しなければいけないとしても、ずいぶんとその場の雰囲気もずいぶん変わり、フィードバック本来の"次に活かす"ことにつながるのではないでしょうか。

感謝の言葉を考える

普段、感謝の言葉をかける機会の少ない1〜2人のメンバーを思い浮かべ、その人に任せた仕事、それ以外の（いつもの）仕事のそれぞれについて、感謝の言葉を考えてください。

任せた仕事	
それ以外の （いつもの）仕事	

9 何も"できるようになっていない"なら、それはあなたの責任

「今のメンバーの総力は、今の部門の仕事すべてをこなしていくのに十分余裕がありますか？ それとも正直、人手が足りていないと感じていますか？」と質問すると、上司の10人中8、9人は「全然足りていないと感じる」と答えます。それでもあなたは、その総力で部門すべての仕事を完遂させる責任があります。

その足りない分は、部下が新しい何かを"できるようになる"ことでギャップを埋める必要があるわけです。つまり、常に部下が新たに何かを"できるようになる"こと込みで、あなたの責任は成り立っているともいえるのです。

本当はそのような考え方に基づいて、上司の責任範囲として人材育成が含まれているのです。しかし、評価制度において、成果の評価と人材育成（能力）の評価が別項目として分かれていることが多いためか、人材育成というのは意外なほど軽視されがちです。部門の成果が出ていればまだいいものの、そうでない場合「部門の成果が出ないのは部下が悪すぎるから」と本音では思っている上司も少なくありません。

営業部門など、プレイヤーとしての実力が認められて上司となる、という部署では特に注意が必要です。「自分にできてきたことが、なぜ、あいつらにはできないんだ」「自分は別に誰にも教わらなくてもやってきたぞ」と考えがちです。

しかし、思い出してください。

- その仕事に関しての経験や習熟度が違う
- 前提として必要な知識やスキルが違う

- 性格や、興味や、関心事が違う
- そもそも仕事や生き方に対する価値観が違う

　このように、あなたとあなたの部下は違うのです。
　期の初めの時点では、できていないことが多くあるかもしれません。それが、期の終わりには新たに"できるようになる"ことで、部門の仕事は完遂します。それをサポートしていくのが上司としての責任なのです。

　最近の若手は自分のキャリアについての関心が高く、個人の成長は単に個人のモチベーションや満足度とひもづけて語られることが多いです。しかし、仕事の成果という観点から見れば、個人の成長もまた、部門の成果に大きく関係することになります。したがって、フィードバックの時に、個人の"できるようになったこと"を積極的に見つけ、認めていくことは、部門としても意味あることなのです。
　そう考えていくと、もし逆にフィードバックの時に本当に"できるようになっていない"としたら、それは上司であるあなたの責任です。

　しかし、本当に何も"できるようになっていない"ということがあるでしょうか？
　人間は機械ではありませんから、日々、間違いなく同じことばかり繰り返せるようにはできていません。逆に言えば、同じように見える仕事の中にも、常に新たな何かがあり、また、目標に達しなかった仕事の中にも、何かしら光るものがあるはずです。
　期の仕事の中で、それらを観察によって発見できていなくても、フィードバック時の質問によって見いだすことができるチャンスもあります。
　常に部下が"できるようになる"ことを積み上げ、自覚していけるよう、サポートを心がけていきましょう。

10 プラスのフィードバックをした後に、次への希望を聞く

　ここまで、「できる」「やりたい」を支援するフィードバックの留意点について一つひとつ見てきました。このフィードバックの仕上げは、PDCAのA-Action、つまり"次にどうしたいのか"を聞き、確認することです。

　ところが、「最近の若手は、"次にどうしたい"というのがないんだよなぁ」とこぼす上司は数多くいます。大学でもキャリアの教育が始まり、徐々に"自分の未来を考える"訓練を積み重ねる素地はできてきていますが、まだまだ苦手、あるいは考えたこともないという人が多いのも事実です。

　そんな時、上司として"次にどうしたい"のヒントを与えてあげるのも悪くありません。ここではPDCAのA-Actionを、3つの種類に分ける切り口が役に立ちます。

【Actionの種類】

> ・できていないことについて、それを補う
> ・できていることについて、それをより効率的・効果的に繰り返す
> ・できていることをベースに、新たなことに取り組む

　PDCAはそもそもカイゼンが考え方のベースになっているため、すぐにできていないことに目が向き、何かしらできなかったことを「できるようにするために頑張る」だけしか話されないケースが多いようです。しかし、それはActionの3分の1に過ぎません。

　もし、部下がその話しかしなかったら、上司であるあなたから、積極的

に「〇〇はできるようになってきたよな、これについてはどうだ？」とか「〇〇も、もうマスターと言っていいレベルだけど、次はどうする？」というように、より前向きの視野が得られるようにサポートしてあげられるとよいでしょう。

あるいは、最初から「まず、できていな部分に焦点を当てると、何をしたいか？　それから、できていることに焦点を当てると、何をしたいか？　そして、できていることをベースに新たなことに取り組むとしたら、何がしたいか？　この３つについて順に話してほしい」と、この３点を提示してしまうのもよいでしょう。

　内閣府による日本と諸外国の若者の意識に関する調査によると、日本は自分を肯定的に捉えている人が、欧米諸国に比べ圧倒的に少ないのです。このことも"次にどうしたい"を考えることが難しい原因になっているとも言われます。
　そんな中、"次にどうしたい"の話題に入る前に、相手のできていないことだけに目を向けさせるような、フィードバックがあったらどうでしょうか？「自分はやっぱりできないことだけで、次もまたダメなんじゃないか」という負のスパイラルに陥ってしまうかもしれません。
　「最近の若手は、"次にどうしたい"というのがないんだよなぁ」の原因のひとつは、実は上司であるあなたのフィードバックにある可能性があるのです。したがって、"次にどうしたい"の話題に入る前には、十分にこれまでできていること、できてきたことについて自覚ができるよう、それらを積極的に話題にするべきなのです。
　もちろん、できていないことを補えてこそ、その仕事を安心して任せられるわけですから、その領域もしっかりやってもらいます。その上で、未来に向けての新たな挑戦も同じくらいの比重を持って、フィードバックでの会話がなされるとよいでしょう。

【フィードバックのプロセス】

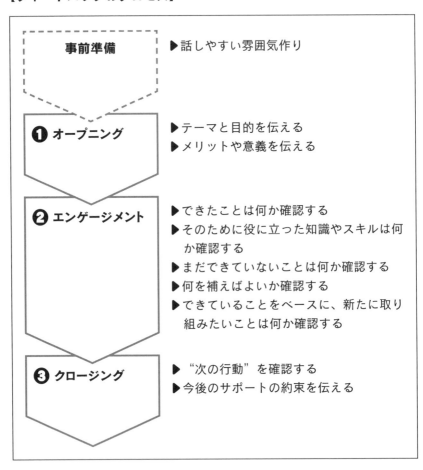

📖 振り返りの支援の計画

あなたの部下の振り返りを支援する計画を立ててみましょう。

部下名	
雰囲気作り	
オープニング	テーマと目的や進め方、メリットや意義を伝える
エンゲージメント	できたことは何か そのために役に立った知識やスキルは何か まだできていないことは何か 何を補えばよいか できていることをベースに、新たに取り組みたいことは何か
クロージング	"次の行動"を確認する 今後のサポートの約束を伝える

計画内容をすべて伝えるのではなく、問いかけも活用しながら、相手の認識を引き出しましょう。

ストーリー OJT

　昨日は「CS向上プロジェクト」の発表会でした。メンバーの１人として野田さんも前に立ち、立派なプレゼンテーションを行ないました。その姿を見て、天王寺さんは部下の成長ぶりを感じました。

　翌日、天王寺さんはちょっと話を聞いてみようと野田さんを会議室に呼びました。
「野田、昨日の発表、なかなか立派だったぞ。部長もさすがに自分の認めただけのことはあるってご満悦だった」
「でも、結局、部長の期待だった『新サービスを１つ生み出す』とこまではいけませんでした……」
「表面上はそうだが、俺にはそれ以上の成果があったように思う」
「そうですか……」
　野田さんの反応はいまひとつで、なにやら不満が残っているようです。天王寺さんは、もっと具体的に話を聞いてみようと思いました。
「ちょっと振り返ってみようか」
「はい。だけど、なんか、期の途中なのに振り返りって、ヘン、というか新鮮、というか……」
「うーん、まあそうかもな。でも知ってるか、どんな世界でも、プロ中のプロは常に振り返って、次に活かすというのをずっと繰り返してるんだぞ。って、この前の研修の受け売りだけどな」
「だろうと思いました」
　小さく噴き出した野田さんに、天王寺さんは軽く咳払いして気分を改めます。
「いずれにしても、野田の明日からに活かせる場にしたいと思う」
「よろしくお願いします」
「どんな仕事でも『ここまではできた』というところと『ここはもう少し頑張れた』というところがある。まずは、そこを振り返って、次

に『ここまではできた』に役立ったことは何か、身についたことは何か、それから『ここはもう少し頑張れた』を補うためにどんなことが必要か、について確認していきたい」
　天王寺さんはホワイトボードに『ここまではできた』『ここはもう少し頑張れた』と並べて書きました。
「あ、なんかわかりやすい！」
「まずは、野田の認識を聞かせてほしい。そのあと、オレからが気づいたことを話そうと思う」
「はい」
「じゃあ『ここまではできた』というのは何かな」
　質問をしながら、天王寺さんは野田さんの言葉をホワイトボードに書いていきました。

　しばらくすると、ホワイトボードにはいろいろなことが書き出されました。
「私が感じているのはこんなところです」
「そうか、想像以上にいろいろな経験をしてきたんだな」
　野田さん自身は「仕事だから」と、がむしゃらに取り組んできたのですが、こうして改めて振り返るといろいろなことをやっていたようです。
「はい。推薦していただいて、本当に感謝してます。あれ、推薦してくれたのは部長でしたっけ？」
「オレだ、オレ。ま、部長の『指名』はあったけどな。だけど、野田が実際に考えて、行動してきたからこそ、多くを自分のものにできたんじゃないのか」
「そう……ですね」
　大変だったこともあったけれど、新しいことにチャレンジさせてもらったことが、成長につながっているんだなぁと、野田さんは少しうれしくなりました。

「じゃあ、オレの方からもいいか」
「はい。なんか緊張しますね」
野田さんは姿勢よく座り直しました。
「いや、だいたい野田が自分で振り返ったからな。オレからは１つだけ。さっき、多くの部署の人と協力しながら進められて本当によかった、って言ってたけれど、そのために役に立ったことってなんだと思う？」
天王寺さんに質問されて、野田さんの頭にはいろいろな出来事が思い浮かびました。
「いいメンバーに恵まれた……ってことですかね？」
プロジェクトメンバーの中で最も若かった野田さんは、周りのメンバーに教えてもらったことがたくさんあります。
「うん、もちろんメンバー構成は大事だが、野田個人の貢献という視点からはどうだ？」
「私の……ですか？　えー……あんまりないかも」
しばらく考えてみましたが、教えてもらうことの方が多かったので、貢献できたかどうかと問われると、自信がありません。
「そうか。野田の、どんなことでも『私がやります！』という積極性が、他のメンバーの『それなら私も！』という協力的な行動を引き出したんじゃないかと思うんだがな。神田リーダーも、本当に助かったと言ってたぞ」
「神田リーダーが……！」
神田リーダーが、天王寺さんにそんなことを言っていたとは思いもよりませんでした。うれしい反面、少し恥ずかしい気もします。
「自分が動くと、周りもつられて動く。これから段々に他部署の協力が必要な大きなプロジェクトも増えてくると思うけれど、野田のその強みがプロジェクト全体の原動力になっていくんじゃないかな」
「はい」
「だけど」

「はい」
　神田リーダーには迷惑もたくさんかけてしまったと思っているので、これから何を言われるのかと、野田さんはドキッとしました。
「逆に、忙しくなってきたら、なんでも『私がやります！』ってのは自分の首を絞めるからな、そこは気をつけろよ。サポートを他のメンバーに頼むってのも、ひとつのやり方だからな」
　怒られるのではなくアドバイスされたことに、野田さんはちょっと安心しました。
「はい。でも、そんな状況になったら、天王寺さん、しっかり私を"指導"してくださいね！」
　天王寺さんを見て、野田さんは笑顔で言いました。
「なんだなんだ」
「早速、アドバイス通り、サポートをお願いしてみました」
「その、素直に人からのアドバイスを行動で表すってのも、野田の強みだな。さて、今回のプロジェクトの経験を活かすということも念頭に、どうだ、次にチャレンジしてみたいことはないか？」
　野田さんはそう言われてすぐにピンときました。
「はい。……技術部の先輩とも『それは夢だね』って話してたんですが、皆さんとも協力して『新製品を生み出す』何かに関わらせてもらいたいと思います！　今回は、そこまでいけなかったし……」

　熱く語る野田さんを前に、天王寺さんは「CS向上プロジェクト」に野田さんを指名して本当によかったと思いました。もともと積極的な性格の野田さんでしたが、いつもと異なるメンバーの中で、いつもと違う仕事に関わることで、違う自分を発見できたようです。「仕事が人を育てる」という言葉の意味を、天王寺さんは実感していました。

　その後、野田さんだけでなく、「CS向上プロジェクト」の有志は、新商品開発への熱い思いを会社に訴え続けました。

そして1カ月後、とうとう「新製品開発プロジェクト」が発足することになったのです。引き続き部長が音頭を取ってくれることも決まりました。
　きっとよいプロジェクトになるに違いありません。
　野田さんなら、いい商品を生み出してくれるだろうと、天王寺さんは思います。そのために、時には厳しく、温かく、サポートしていこうと決意を新たにしました。

【例】振り返りの支援の計画

解説の代わりに、天王寺さんの野田さんへのフィードバックの計画をまとめると、次のようになります。

部下名	野田さん
雰囲気作り	会議室を使うが、固くなりすぎないように意識する。 CS向上プロジェクトの件を、まず褒める。
オープニング	**テーマと目的や進め方、メリットや意義を伝える** CS向上プロジェクトについて プロジェクトで得たことを、野田さんが明日から活かせるようにするために、できたこと、それに役立ったこと、もう少し頑張れたこと、それを補うのに必要なことを確認する。 順番は、野田さんの認識を聞いてから、こちらの気づいたことを話す。
エンゲージメント	**できたことは何か** **そのために役に立った知識やスキルは何か** **まだできていないことは何か** **何を補えばよいか** **できていることをベースに、新たに取り組みたいことは何か** ＊このストーリーでは、この部分は省略しています。
クロージング	**"次の行動"を確認する** 次に、野田さんが挑戦したいことを聞く **今後のサポートの約束を伝える**

5章

さまざまな相手への業務指示・指導・OJT

1 新人
～「答えがほしい」イマドキの若手に～

　ここまでは、業務指示、指導、OJTについてのプロセスやポイントを解説してきました。以降は、さまざまな相手に合わせたポイントについて考えていきたいと思います。

　いつの時代も新入りに対して、ベテランは厳しい見方をするものです。曰く「私たち、オレたちの若い頃は……」。常に時代や環境は変化し続けていますし、その中で新しいメンバーが旧来のメンバーとは違う面を見せるのは当然です。

　日本においては少子化が進み、子供が大切に育てられてきた背景があります。イマドキの若手は皆さんの時代に比べ、より「危ないことをしないように」と教えられて育ってきています。勝手で無鉄砲という若手の特権は、過去のものになりつつあるのかもしれません。いわゆる"いい子"であるがゆえに、人当たりがよい反面「言われたことしかできない」と苦言を呈されるのもこの世代の特徴でしょう。

　この危ないことの中には「自分で（勝手に）考えて行動する」ということも含まれています。家でも学校でも、何かあると管理責任が問われてしまうこのご時世、親や先生は極力「危ないことはさせない」「自分勝手な行動は禁じる」方向に傾いていくのは、仕方のないことかもしれません。

　しかし、ビジネスの場では、言われたことだけでコトが済むわけには、なかなかいかないものです。言われたことだけをやるならロボット、あるいは多少の判断くらいならAIの方が、よほどコストもかからず優秀でしょう。

　やはり、若手に対しては「自分で考えて行動し、いち早く独り立ちした

戦力になってほしい」という期待を持つのも当然といえるでしょう。
　つまり、現実は「（危なくない）答えがほしい」若手に対し、期待は「（どうするか教えられなくても）自分で考えて行動してほしい」となってしまっています。傍目から見てもなかなか大きなギャップが見て取れます。

　本書の冒頭では「なぜ、他人に仕事を任せることは面倒で、困難が伴うのか」について、「その相手が、自分とは違う」に尽きるからだと説明しました。

- その仕事に関しての経験や習熟度も違う
- 前提として必要な知識やスキルも違う
- 性格や、興味や、関心事も違う
- そもそも仕事や生き方に対する価値観も違う

　これは若手であってもベテランであっても、実は変わりはありません。そして、そのギャップを乗り越えられるよう、指導していくのがあなたの役割です。

　具体的には、どのように指導すればよいのでしょうか？
　「困難は分割せよ」と近代哲学の父デカルトは言いました。いきなり期待通りは無理ですから、少しずつ、できるレベルの階段を上がれるよう、スモールステップで教えていくのが王道です。
　若手に対して、ショック療法を好む人たちがいます。「自分ができないことをわからせれば、おのずとできるようになるための努力をするはずだ……」というような考え方です。もちろん、そのやり方でもライオンの子供が崖から這い上がってくるように、逞しく成長する若手もいるでしょう。しかし、常に転職というオプションがある時代です。一握りの勇者が残っても、大多数が辞めてしまうというのでは、リスクが大きいやり方と言わざるをえません。

だからこそ、最初は「(危なくない) 答えがほしい」に応えつつ、最後にはこちらの「(どうするか教えられなくても) 自分で考えて行動してほしい」という期待に応えてもらえるよう指導していくことが求められます。

【スモールステップ】

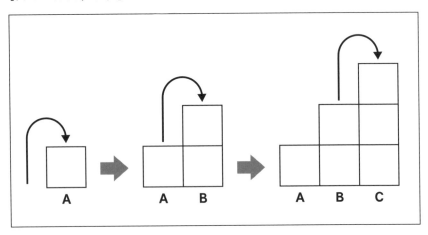

 スモールステップでの指導の基本は、「最初は、Aでいい、慣れてきたら、Bまで頑張って、最終的に、Cが目標」というように段階を追って、進めていきます。例えば以下のようになるでしょう。

A. 最初は、マニュアルを見ながらでいいので、ゆっくりと、間違えないようにやって
B. 慣れてきたら、マニュアルを見ないで、ゆっくりでもいいので、間違えないように気をつけて進めて
C. 最終的に、何も見ないで、スラスラとできるのが目標

 実際は3ステップでは難しいかもしれませんが、この流れに沿って、次のような教え方もできるでしょう。

A. 最初は、一通り教えるし、教えられていないことは、一つひとつ質問していいから
B. 慣れてきたら、わからなくなった時には、一度前に習っていないか確認して、それから自分で調べてみるのにもチャレンジして
C. 最終的に、教えられていないことでも、自分で考えて行動するのが目標

ポイントは、最初の段階で「最終的に、教えられてないことでも、自分で考えて行動するというのが目標」というのを伝えることです。
さらに、そのことが「その人にとって」「望ましいと感じる」ような伝え方をするとより効果的です。
"自分で考えて行動する"ことが次のようになるよう、相手に合わせた言い方を工夫するとよいでしょう。

- 一つの能力向上の証し
- そもそも楽しい
- 周りからの信頼を得ることにつながる
- 自分のペースで仕事を進められるファーストステップ

教えられたら、その通りにやろうとするのが、最近の若手の強みです。スモールステップで無理のない分割をした上で、「自分で考えて行動するというのが目標」ということを"教え"れば、ちゃんと「その通りにやろう」と努力し、ベテランが驚くようなスピードで"自分で考え、行動する"若手に育つことでしょう。

2 ベテラン
～できるつもりが落とし穴～

　企業間の M&A や、企業内での事業転換などによって、組織構造が頻繁に変更されるというのが、日常茶飯事になってきました。また、職種をまたいだ部門が作られたり、転職者がメンバーに加わったりして、ベテランが部員になるというケースはますます増えてきています。

　多くの場合、ベテランへの仕事の期待感としては「あれこれ指示をしなくても、きっちりと成果や結果を出してくれる」というものではないでしょうか？　業務の習熟度によって、指示の仕方も変わります。原則としては次のようになるでしょう。

【習熟度による業務指示のポイント】

- 新人のうちはやり方（HOW）まで含めて指示をする
- 慣れてきたら、ゴールイメージ（WHAT）をきっちり伝えて、あとは任せる
- ベテランともなれば、目的（WHY）をベースに、何をなすべきかまで考えてもらう

　一方で、あまりに任せすぎると単なる放任になってしまい、仕事の生産性が低いところで止まってしまうというリスクがあります。

　同じ仕事が繰り返されるという前提の高度経済成長の時代なら、PDCAで改善することで習熟度も上がっていき、それが生産性の向上につながったでしょう。しかし、ビジネスの変化が大きく、そして早く起きる現在では、ベテランであるからといって、手放しで生産性の高さを期待できない時代になってきています。

また、転職してきたメンバーは、前職での経験を期待されて採用に至るものの、ビジネス環境や仕事のやり方は、組織によって大きく異なるため、その経験がそのまま活かされるというケースは、むしろ少ないといえます。

　したがって、任せる方も任される方も「今までの経験があるのだから、この仕事もできるだろう」という過信は禁物です。

　では、上司として具体的にどのようにしたらよいでしょうか？

　最も確実な方法は、指示自体は、目的（WHY）やゴールイメージ（WHAT）だけにとどめ、その上で「ベテランのノウハウを共有する」ということです。

　仕事が始まる前、そして仕事が終わった後に「どのようにその仕事を遂行（HOW）する（した）のか」を共有してもらうとよいでしょう。

　これにより、ベテラン本人も気づかない「できているつもりだが、非効率なやり方」も可視化でき、修正しやすくなりますし、逆にうまいやり方なら、いち早く部門内に共有されることになります。

　もっとも、このような共有はベテランのやり方のみを対象にするばかりではありません。前例にとらわれない若手が、今まで当然と思われていた常識を破って、画期的なやり方を生み出すこともあるでしょう。

　部下個人のPDCAを組織のPDCAにするためにも、仕事のやり方（HOW）にまで踏み込む共有は、しっかりと時間を取りましょう。できることなら定例のものにしていくことで、ベテランだけでなく若手の能力も、生産性の向上につなげることができるようになります。

3 異性のメンバー
〜セクハラだけでない注意点〜

　異性のメンバーへの業務指示、指導において、注意が必要なものとして挙がってくるのはセクハラ、つまりセクシュアル・ハラスメントでしょう。
　セクハラというと上司の男性から、部下の女性に対するものをイメージしがちですが、同性同士、または部下から上司へというものも存在します。
　詳しくは触れませんが、セクハラは受けた本人の尊厳・誇り・身体を傷つけるだけでなく、業績や企業イメージにも影響を及ぼしかねない大きな問題です。誰もが安心して仕事のできる環境を整えていかねばなりません。

　少し前、長崎大学で行われたアカデミックな領域における 1,000 人を超えた大規模なセクハラに関する調査結果が、話題になりました。その調査では「具体的にセクシュアル・ハラスメントにあたる行為を受けたことがある」と回答したうち 90％が、女性からのものであったとのことです。
　この結果から見えてくるのは、男性がセクハラをする側、女性がセクハラを受ける側という構図です。さらに、その具体的な行為の圧倒的ナンバー 1 は「不必要に体を触られた」です。
　「そうか、少しでも身体に触れると NG なのか、気をつけないと」と思われた方もいるでしょう。しかし、ここで重要なポイントは、行為をしている側は「それほど悪気がなく、大丈夫だと思ってやっている」が、行為を受ける側は「不快に感じている」ということです。
　「不快なら文句を言うだろう。そうしたらやめるよ」と言う方もいるかもしれません。しかし相手からの抗議や抵抗がなかったとしても、不快に思っているという感情は消えません。一度「セクハラする人だ」と認識されてしまうと、些細なことでも「セクハラされた」と受け止められかねません。最悪なのは、「不快を表明している」のにもかかわらず「喜んでい

る」と勘違いするケースです。

　つまり、相手の感じ方に無関心であったり、都合のよい解釈をしたり、敬意を払っていないことが問題なのです。

　このように考えると、セクハラという行為だけが注意点ではないことがわかるでしょう。まずは、相手を"あなたとは違う"一人の人として認め、どのような感じ方をしているのか、知ろうとすることが大切です。
　また、「男性だから……」「女性だから……」といった性別や、年齢などによる「○○だから」という考え方や言葉を口にしてしまうことはありませんか？　確かに身体的、あるいは立場における違いは存在しています。さらにこうした"違い"に対して、上司であるあなたに「配慮してほしい」と思っている部下と「配慮しないでほしい」と思っている部下と、両方がいる可能性があります。
　少し複雑にはなりますが、「女性はこのように感じる人が多い」「男性はこのように感じる人が多い」ということを知った上で「目の前の相手はどう感じているだろうか」と注意を向けてみてください。これが異性のメンバーへの対応の第一歩ということになるでしょう。
　一昔前なら、「細やかな気配りが必要となるこの仕事は、女性である○○さんに頼みたい」という言い方は問題にはなりませんでした。しかし今では、偏見やステレオタイプだと受け止められかねません。
　考えてみると、別に女性や男性という言葉を使う必要はないのです。むしろ「細やかな気配りが必要となるこの仕事は、それが得意な○○さんに頼みたい」という言い方の方が、"女性"だから頼まれたのではなく、"細やかな気配りができる"から頼まれたとなって、モチベーションも向上するのでないでしょうか。
　部下個人としての能力や感じ方・考え方を見て、業務指示・指導に当たるとよいでしょう。

4 年上の部下
～プライドとモチベーションをマネジメントする～

　複線型人事の浸透、実力主義の人事評価、あるいは組織の大幅な変更などによって、年功序列型の組織構造は過去のものになったと言ってよいでしょう。さまざまな経歴を持つ年上のメンバーが、部下になる可能性は、どの上司にもあります。

　本来なら、年齢や性別あるいは国籍と、仕事は切り離して考えるべきですが、学校教育から脈々と続く「先輩は敬うべき」あるいは「先輩は敬われて当然」という価値観は、揺るぎのないものです。

　あなたが年上であれば「フランクに接していいよ」と言う権利は十分にありますが、いくら上司とはいえ年下の立場から「フランクに接しますよ」と宣言することは、表向きは「ええどうぞ」という返事が戻ってきても、本人は内心穏やかでないというケースは十分に考えられます。

　もちろん、従前の価値観にチャレンジし、フラットでフランクな文化を組織として醸成するという手法もありますが、時間もエネルギーも必要です。ここでは、そのような大がかりな挑戦ではなく、相手の価値観も尊重しながら、上司として仕事の生産性を高める方法について考えていきましょう。

　もし、相手が「自分は人生の先輩だから敬われて当然」という価値観を持っているなら、まずは「人生の先輩として敬う」ということを言動で伝えてから、業務指示・指導に当たればよいことになります。

　具体的には、どのようにすればよいかのヒントとして、あなたが後輩から「こんなことをされたり、言われたりしたらムッとくる」ということを考えてみるとよいでしょう。

- 馴れ馴れしい言葉遣い
- （専門的な）能力を低く見積もられる
- 敬意ということではなく、単に疎まれて距離を置かれる

それならば逆に、次のようにすれば敬意が伝わりやすいのではないでしょうか。

- （あなたが上司であっても）言葉遣いを丁寧にする
- その人ならではの仕事を割り当て、それを伝える
- 話しかけたり、アドバイスを求めたりする

　人間関係には、返報性の原理というものが存在します。あなたが「人生の先輩」として相手を敬ったら、相手はあなたのことを「自分の能力を活かしてくれる上司」として認めてくれるでしょう。
　このような関係ができたなら、モチベーション高く仕事に取り組んでもらえるのはもちろんのこと、何か問題があった場合でも、有益な支援をしてくれる人として、あなたの指導やアドバイスを受け入れてもらいやすくなります。
　よくよく考えてみると、このような関係は"年上"に限定されることではありません。異性、外国人、部外メンバー、あるいは若手も、皆、あなたとは能力や価値観が異なり、それゆえあなたの力になってくれるパートナーです。
　相手が誰であれ「相手を尊重し、しかし仕事の責任は自分が持つ」という態度で接すれば、誰からも「頼りがいのある、よい上司」と認められることでしょう。

5 部外メンバー
〜どこまで言っていいか迷ったら〜

　ビジネスがより複雑性を増している現在、部門だけで完結できる仕事は少なくなってきています。部門横断的なプロジェクト型の仕事や、それほど大規模でなくとも、自部門の仕事を進めるために他部門のメンバーの仕事が大きく関わってくるという仕事は、ますます増えてくるでしょう。

　全社的にプロジェクト型の仕事を前提とした組織構造になっていれば、リーダーはメンバーを完全に部下として預かっており、部外メンバーはいません。

　しかし、日本型の多くの組織構造では、部下ではないメンバーは皆"部外メンバー"です。そのようなメンバーを含めた仕事において、業務指示や指導にはどのような留意点があるでしょうか？

　注意しなければいけないのは、同じ社内ではあっても、部外のメンバーは異なる文化的背景を持っているということです。

　社外に仕事を発注したり、社外のメンバーと仕事をしたりする時には気をつけていても、同じ社内なので同じ文化的背景を共有していると、なんとなく思ってしまいがちです。

　もちろん、部門間の文化的背景の異なり度合いが小さければ、問題ありません。しかし、それが大きい時は、次のようなことが起こりがちです。

- こちらはちゃんと業務指示をしたつもりなのに、全く違う理解で仕事を進めてしまう
- 指導をしても、「普段のやり方と違う」と受け入れてもらえない

　では、どのようにしたらよいでしょうか？
　実は、ここでの問題の原因は"同じ社内なので、同じ文化的背景を共有

しているど勘違いして、業務指示や指導を行なってしまう"ことです。ですから、そもそも"同じ文化背景を共有しているわけではない"という前提で業務指示や指導を行なえばよいのです。やり方としては、すでに説明した業務指示や指導のポイントを押さえる、ということになります。

業務指示においては、何を、なぜ、いつまでに完了してほしいのかを丁寧に伝えることが肝要です。通常、割り振った仕事が納期通りに完了するならば、やり方を問う必要はありませんが、あなたがそのやり方まで気にするのであれば、ベテランの項と同様「どのようにその仕事を遂行（HOW）するのか」を共有してもらうとよいでしょう。ポイントはあくまで"ノウハウの共有"であり、"管理"ではないと感じてもらうことです。

やりにくさを感じるのは指導の方かもしれません。仕事の遂行に多少の問題があっても、部外のメンバーですから「余計なお世話」あるいは「僭越なのでは」との思いがよぎってしまっても、不思議ではないでしょう。

しかし、その仕事の責任はあなたにあります。ここで重要な考え方は"人と問題を切り分ける"ことです。あくまで仕事を遂行するにあたって、障害に対処するということに焦点を当てるのです。何が障害なのか、どのようにすればよいのか、上司としてサポートできることは何かに関して、本人から情報を収集し、考えを聞き、対応策を合意していきましょう。

それでは、"人"の側面はどう考えればよいでしょうか。

この部分は通常、直接のラインの上司が育成責任を負う領域です。日本の組織構造では、「このような傾向があるので、そちらで改善してほしい」と上司同士のコミュニケーションが行なわれるのが普通でしょう。

ただし、場合によっては、「オレの言うことは聞かないんだよね」と返されることもあるかもしれません。

確かに第三者の意見の方が、納得をしてもらいやすいということもあるかもしれません。この場合は、指導の権限を委譲されたと考えて、自分の部下と同様に、行動分析からのアプローチで改善を試みるとよいでしょう。

いずれにしても、遠慮は禁物です。仕事の完了、組織の生産性の向上、本人の成長に向けて、上司としての行動が求められるところです。

6 外国人メンバー
〜意外なところにカルチャーギャップがある〜

　最近は、どこの企業でもグローバル化が進み、外国人メンバーが職場で一緒に働いているという光景は、珍しいものではなくなりました。
　一口に外国人メンバーといっても、日本語でのコミュニケーションが全く取れないメンバーから、子供の頃から日本で暮らしていて本国にはほとんど行ったことがないというメンバーまで、また、国籍も欧米やアジア、アフリカなど多種多様です。
　多種多様という意味では、「日本人だから簡単にわかり合えて仕事もしやすく、外国人だから難しい」というわけではありません。日本人同士であっても「自分と同じ感覚で仕事を指示したり、指導したりしてもうまくいかない」という話はすでにしました。
　ここでは、一般的に外国人メンバーが「日本人とは感覚が違う」と言われている事柄を取り上げます。

　よく、外国人メンバーは「決められたことしかしない、自分の割り当てられている仕事が終わったら、チームの誰かが仕事を多く抱えていても、さっさと帰ってしまう」あるいは「退社の時間が来たら、割り当てられている仕事が終わっていなくても、さっさと帰ってしまう」と言われます。
　「だから外国人とは仕事がやりにくい」と決めつけてしまっては、せっかくの多種多様な価値観と背景を持つ貴重なメンバーの力を引き出すことはできません。そのような行動を選択する理由を知り、その上でよりよい関係で仕事をしていくにはどうしたらよいかを、考える必要があります。
　多くの外国人メンバーが「決められた仕事や、決められた時間しか仕事をしない」理由は、"決められているから"です。
　宗教的にも"神との契約"という感覚を持つ国からのメンバーなら、な

おさらですが「自分はこの仕事をする」ということと「この報酬をもらう」ということがバランスするのが正しい契約であり、「それを期待してこの会社を選んだ」と考えるわけです。

また、さらに「仕事ができるということそのものが、価値である」と捉える価値観を持つ文化圏の人たちもいます。誰か他の人の仕事を手伝うというのは、その人の仕事を奪うことで、相手を貶める行為なので、むしろ「してはいけないこと」だと思っているかもしれません。

これらの考え方に基づくと、同じチームなのに仕事の忙しさに大きな差がつくとしたら「仕事の割り当て方に問題があった」ということになります。そうならないようにするために、上司としてどのように割り当てればよいのかについては、業務指示の章で説明しました。

しかし、そうは言っても「仕事はさせてみないとわからない」と思われるかもしれませんね。ルーチンワークならまだしも、新たな仕事であれば、なおさらです。であれば、最初から「報酬の8割は割り当てられた仕事をやる分、残りの2割はチームで負荷が偏った時に手伝う分」ということを明言し、それを"決められたこと"にしてしまうこともできるでしょう。

最初からそのように言われ、納得して仕事を始めたなら、割り当てられた範疇の仕事以外のこともしっかりと取り組んでくれることでしょう。

ここまでは、一般的なことを説明してきました。しかし、あなたの目の前にいる実際の外国人メンバーは、このような一般論に収まらない多種多様な価値観や背景を持っていることでしょう。

したがって、一番の解決策は、本人に「仕事を進める上で、やりにくいところや疑問に思うところがないか」を聞いてしまうことです。そのような対話を重ねることで、こちらも相手の価値観や背景を知ることができます。そして同時に、相手も日本人あるいは上司であるあなたの価値観や背景を理解し、歩み寄ってくれるに違いありません。

ストーリー エピローグ

「ただいま、戻りましたー」
　天王寺さんが上司となって3年目のある日のことです。外回りに出ていた桃谷さんと野田さんが帰ってきました。
「おう、今日はABC商事だったな」
「ええ、商談も進んできて、ウチの技術的な最新動向も聞きたいって先方が言うので、野田に説明してもらいました」
　桃谷さんが席に戻りながら、天王寺さんに報告を始めました。
「そうか、桃谷はいつまで経っても技術動向とかさっぱりだからな」
「手厳しいなぁ。でも、野田の華麗な説明、天王寺さんにも聞かせたかったです」
「それは残念だ」
　桃谷さんはお客さまとの関係作りは慣れたものとなりましたが、技術面での細かい説明は苦手のようです。今となっては何も知らなかった野田さんの方が、技術面の説明が上手になっています。2人の間の役割分担は、なかなかよい成果を上げていました。
「先方の部長が、フェアで私と名刺交換したのを覚えていてくれて、ちょっと感激でした」
　野田さんが恥ずかしそうに微笑みました。
「お前の方は覚えてなかったけどな」
「あー、言わない約束だったのに」
「あれ、そうだっけ」
　去年のフェアでは、野田さんはたくさんのお客さまと名刺を交換したのですが、相手の情報についてメモを作ったりしておらず、天王寺さんに怒られたことがあるのです。
「でも、桃谷先輩、お客さまとすごく仲がいい感じで、びっくりです。私じゃ、ああはいかないです」
　野田さんは話題をそらそうと、桃谷さんのことを褒め始めました。

本人も、名刺を交換した相手を忘れていたことがまずいというのは、言われなくても気がついているようです。
「ま、それを見越してのオレの采配だがな。あ、そうだ、技術の大崎くんが野田を探しにきてたぞ」
「例の新製品プロジェクト、サンプルを作ってきてくれるって言ってたんですよ！　きっとそれだ」
大崎さんの名前を聞いて、野田さんがうれしそうな声を上げました。
「ってか、大崎のヤツ、こっちに顔出しすぎじゃないか、別の目的があるとしか……」
今まで技術部門のメンバーが、呼んでもいないのにこちらに来ることなど、ありませんでした。
「何ですか、それ？　ちょっと、大崎さんのところに行ってきます」
野田さんは首をかしげながら、部屋を出て行きました。
「いいじゃないか、目的が何であれ、技術と営業のパイプが太くなれば、より強い組織になっていけるからな」
「ええ、ええ、おかげで、ABC商事、大きくいけそうですからね！」
今度、技術に無理を頼むことがあったら、野田さんに頼んでもらおうと桃谷さんは思いました。

　天王寺さんは、タイプの違う２人が、それぞれ去年よりも仕事の幅が広がっていることに満足していました。
　今年は顧客１社に対し営業１人という体制を変えて、チームで担当させています。
　ABC商事は、メインをどんどん積極的に行くタイプの桃谷さんに任せ、CS向上プロジェクトで技術とのネットワークや知識を得た野田さんと組ませています。
　天王寺さんの見立てでは、ABC商事は事業規模が大きく、技術的な要求も細かいため、タイムリーできめ細やかな対応をしていくことで、より大きな注文が見込めるのです。

例年通り、桃谷さん1人に任せていては、技術部門のサポートを得るのに時間がかかってしまったり、桃谷さんが面倒がって適当な回答をしてしまったりして、逃してしまう案件もあるでしょう。そこに野田さんが加わることで、2人の強みがかけ合わせられ、よりお客さまに満足いただける商品を提供できるに違いありません。
　2人の成長を実感しながら、天王寺さん自身も上司として自分の成長を感じていました。

・・

6章

まとめ

1 あなたの部下への業務指示・指導・OJTに役立てるために

　ここまでは業務指示・指導・OJTについて、学んできました。
　ここからは、あなたが実際に部下にどのように対応していくのか、学んだ内容をどのように役立てていくのか、ということになります。
　ところで"役立つ"というのは、どのような状態になっていることだと思いますか？

【"役立つ"までの条件】

> "役立つ" = "わかる" × "できる" × "やってみる"

　"わかる"ためには、さまざまの内容が「自分だったらどうだろうか、確かに○○の場合は当てはまる」と結びつくことが重要だと言われています。
　また、"できる"ためには、料理やスポーツなどと同様、練習によってその部分部分が確実に自分のものになっている必要があります。
　本書では、"わかる"ことをサポートするために、さまざまな職種、さまざまなケースを想定した例示を行なっています。また、要所要所でワークシートを準備し、できるだけ「自分ならどうするか」を考えてもらえるデザインになっています。

　ここで、本書で紹介した内容のうち特に重要だと思われることを改めてまとめておきます。

【さらなる高い目標／成功のためのサイクル】

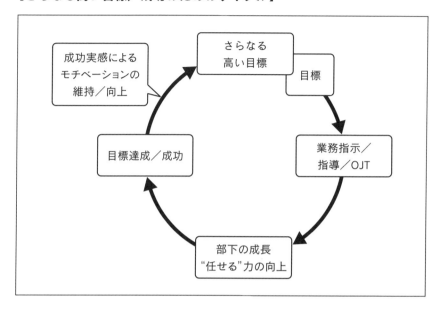

　本書全体のコンセプトです。適切な業務指示、指導、OJTを行なうことで、部下個人が成長し、あなたの"任せる力"も向上します。それにより、組織の仕事の目標達成／成功がもたらされます。そして、成長を実感することで、部下もあなたもモチベーションが維持／向上し、さらなる高い目標達成／成功を目指すという理想的なサイクルです。

【時系列的分割・機能的分割】

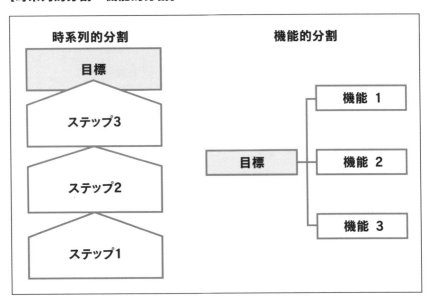

　仕事を任せるためには、仕事の全体像をよく把握した上で、一部を切り出していくことが求められます。この2種類の分割方法を使うことで、仕事の全体像を把握することができます。

【誰に任せるかを考える時の観点】

- 経験／知識／スキルの有無やレベル
- やりたい／やりたくない領域
- 組織（あなた）からの期待

　仕事を任せる相手についても、把握しておく必要があります。メンバー全員について把握しておけば、短期間の成果を考えるだけでなく、将来を見据えた計画なども立てやすくなるでしょう。

📖 業務の指示

業務を任せたいメンバーを決め、相手に合わせた業務指示の内容を考えてください。

任せたい メンバー	
任せたい仕事	
正しく伝える	ゴールイメージ／プロセス：
行動を促す	メリット／リスク
進捗管理の タイミング	

📝 行動分析と支援

あなたの周りで、気になる行動をしているメンバーについて分析してください。

気になっているメンバー：_____

状況	

	現状（の事実）	あるべき姿（目標）
行動		
結果		

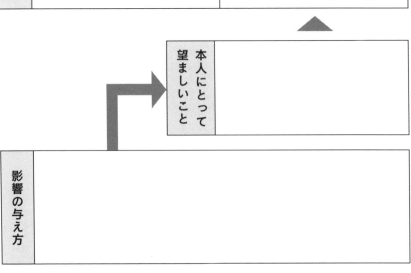

【指導のプロセス】

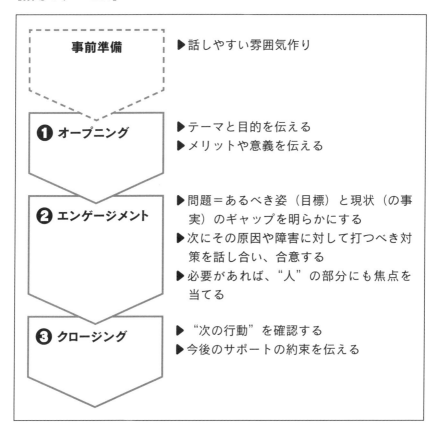

　指導のプロセスです。エンゲージメントでは、人と問題を切り分け、具体的なあるべき姿（目標）と現状（の事実）について相手の認識を引き出しましょう。相手が自分から報告する際にも、同じ順番で話せるようになる効果が見込めます。

【経験学習のプロセス】

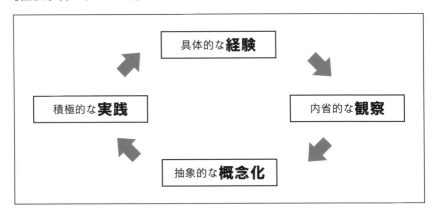

　経験学習のプロセスです。このプロセスを身につけると、ある具体的な仕事の経験から学んだことを、全く別の仕事にも活かすことができるようになります。

【フィードバックのプロセス】

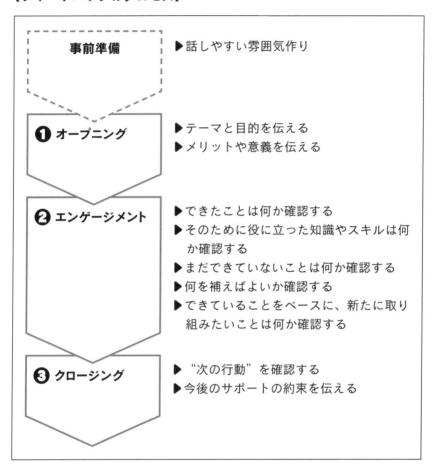

　フィードバックのプロセスです。エンゲージメントのステップで、相手の「(ここまで)できてよかった」「ポイントも理解できたし、これからも頑張りたい」という気持ちを引き出せるよう、質問をして本人の自覚を促したり、こちらの観察結果を伝えるとよいでしょう。

📖 振り返りの支援の計画

あなたの部下の振り返りを支援する計画を立ててみましょう。

部下名	
雰囲気作り	
オープニング	テーマと目的や進め方、メリットや意義を伝える
エンゲージメント	できたことは何か そのために役に立った知識やスキルは何か まだできていないことは何か 何を補えばよいか できていることをベースに、新たに取り組みたいことは何か
クロージング	"次の行動"を確認する 今後のサポートの約束を伝える

計画内容をすべて伝えるのではなく、問いかけも活用しながら、相手の認識を引き出しましょう。

さて、ここまで本書の内容をまとめてみましたが、実際にあなたが"できる"ようになるためには、料理やスポーツなどと同様、練習によってその部分部分を確実に自分のものにしていく必要があります。

本書では"できる"をサポートするために、いくつかの項目では練習を用意しました。ここでは、ただ読むだけでなく少し頭を使って、このケースならどうするかについて、時間を取って考えていただけるような構成にしてあります。

ここで、もう一度、先ほどの式を思い出してください。

【"役立つ"までの条件】

> "役立つ" = "わかる" × "できる" × "やってみる"

いくらわかって、できるとしても、やってみないことには、絶対に役立つことはありません。この式はかけ算です。"やってみる"がゼロなら、どんなにわかって、できるとしても、最終的な積はゼロになってしまうのです。

本書では、部下に仕事を任せ、途中経過を見守り（必要ならば）指導し、完了を確認し成長をつなげるという、部下のPDCAをあなたがどのようにサポートするのかについて、お伝えしてきました。それだけにとどまらず、あなた自身も自分で振り返りを行なうことで、あなたならではの業務指示・指導・OJTができるようになると思います。

あなたの"やってみる"によって、本書がさまざまな業務指示・指導・OJTの場面で、"役立つ"ものになることを期待しています。

巻末付録

研修ガイド

1 社内研修等で利用するために

 この章では、本書を階層別研修や、業務指示・指導・OJTに焦点を合わせたピンポイントの研修で使う場合の活用方法について、ご紹介します。研修等で活用される場合は、必ず受講者の人数分、本書をご購入ください。
 5章のまとめでご説明したように、"役立つ"＝"わかる"×"できる"×"やってみる"がポイントです。研修を実施する場合、それぞれ"わかる"ためにすべきこと、"できる"ためにすべきこと、"やってみる"ためにすべきことを、受講者に行なってもらう必要があります。ここでは、それぞれ本書をどのように使えばよいのかを順を追って説明します。

■ 研修目標を設定する
 まず、研修を企画するために研修目標を設定する必要があります。

【研修目標の設定】

- 何をわかってほしいのか
- 何ができてほしいのか
- 何をやってみてほしいのか

例えば、
- "人と問題は切り分けるのだということ"をわかってほしい
- "ロジカルな問題解決"ができるようになってほしい
- "フィードバック時に、感謝の言葉をかけること"をやってみてほしい

などです。
 本当は、"わかる""できる""やってみる"を、別々に設定することが望

ましいのですが、いきなりは難しいかもしれません。

　その場合は、本書のこのページを学習させたい、ということで、どのページの内容を使うかをピックアップしてもよいでしょう。

■"わかる"をサポートする

　先述したように、"わかる"ためには、紹介されているさまざまな内容が「自分だったらどうだろうか、確かに○○の場合は当てはまる」と結びつくことが重要です。そのため、あるページの学習を進めるためには、以下の通り実施していくとよいでしょう。

【"わかる"をサポートする】

> - 重要な内容やポイントをプレゼンテーションする
>   （ダウンロードできるスライドが使えます）
> - 本書の中の例示を確認する
> - 「自分だったらどうだろうか」と考えてもらう
>   （考えたことを話し合わせるとより効果的です）

　ページごとに丁寧に、上記の3つを繰り返してもよいですし、いくつかの項目をまとめてプレゼンテーションし、その後に「自分だったらどうだろうか」と考えてもらうのもよいでしょう。

　ただし、プレゼンテーションは長くて15分以内が望ましいです（8分が限界であるという専門家もいるくらいです）。一方的な講義が続かないように、本書ではケーススタディやワークシートが入っています。適宜活用し、多くの時間を「自分だったらどうだろうか」と考えてもらうことに割くとよいでしょう。

■"できる"をサポートする

　"できる"ためには、料理やスポーツなどと同様、練習によってその部分部分が確実に自分のものになっている必要があります。そのため、ある

ページの内容が"できる"ようにサポートするためには、以下の通り実施していくとよいでしょう。

【"できる"をサポートする】

- ステップやスキルをプレゼンテーションする
  （ダウンロードできるスライドが使えます）
- 実践例動画があれば、それを見せる
  （本書に対応したYouTube動画があります）
- 練習のための準備（ステップごとに何を言うかなど）をさせる
- ペアなどで、実際に練習させる（ロールプレイなど）

繰り返しになりますが、"できる"ためには練習が必要です。その時間をしっかりと取り、可能なら練習の様子を見て回って、できていることをフィードバックしたり、できていないことについて指摘し、修正のためのアドバイスをするとよいでしょう。

■ マイクロフォーマット

この、"わかる""できる"をサポートするための進め方として、早稲田大学の向後千春教授が提唱している、マイクロフォーマットをご紹介しま

【マイクロフォーマット】

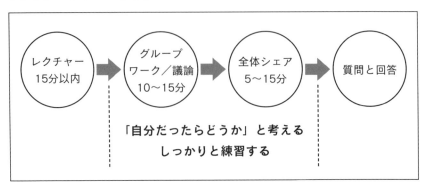

す。

　いくつかの内容をまとめて1つのトピックとし、その1つのトピックを30〜45分の単位で、図のようなフォーマットで実施するという方法です。繰り返しになりますが、レクチャーを聞いただけでは"わかる""できる"には不十分です。グループワークや全体共有の中で、十分に「自分だったらどうか」と考えてもらい、しっかりと練習ができるように、時間配分をしていきましょう。

■ "やってみる"をサポートする

　6章で"役立つ"までの条件を以下のように表現しました。

【"役立つ"までの条件】

> "役立つ" = "わかる" × "できる" × "やってみる"

　いくらわかって、できても、やってみないことには、絶対に役立つことはありません。この式はかけ算です。"やってみる"がゼロなら、どんなにわかって、できても、最終的な積はゼロになってしまいます。それでは、研修の中でどのようにしたら、"やってみる"をサポートすることができるでしょうか？

【"やってみる"をサポートする】

> - 研修中に、"自分のケース"で練習をする
> - 研修中に、"どんな状況で、何をするか"行動計画を立てる

　"自分のケース"での練習ですが、多くの場合、本書で提示しているケー

スの代わりに、相手に状況を説明してからペアで練習をする、という流れになります。丁寧に進めるなら、本書で提示しているケースでまず練習をして、その後もう一度、"自分のケース"で練習する、としてもよいでしょう。

研修中での繰り返しを冗長だと嫌う人がいますが、練習はそもそも繰り返すものです。研修中にできていないものは、実践しようとは思わないものです。繰り返しの練習により、「これならそのまま実践できそうだ」と思ってもらえるよう進めるとよいでしょう。

また、行動計画ですが、「〇〇を心がける」という曖昧な書き方をできるだけ廃することが"やってみる"をサポートすることにつながります。可能な限り"どんな状況で、何をするか"を、具体的に書いてもらいましょう。例えば、"〇〇さんへの、次の仕事についての説明の時に""しっかりとメリットを伝える"などです。さらに、研修中でグループワークなどを一緒に進めてきたメンバーと、お互いの行動計画について共有することも「よし、頑張るぞ」という気持ちを後押しするのに有効です。いずれにしても、研修を企画し実施する側が「伝えることは伝えたし、やらせることはやらせたので、あとは受講者次第」というスタンスを取るのではなく、"わかる"דできる"דやってみる"のすべてでそれらをサポートする姿勢で研修を行なうと、その結果として"役立つ"ものとなるでしょう。

■ 利用許諾について

研修での利用を考慮して、通常は禁止事項となる次の行為を許諾します。以下の範囲について、事前申請などは必要ありません。ただし、研修実施の際は、講師、受講者とも1人1冊ずつ、本書を所有していることが必要となります。

※本書の所有者に対して、以下の○の事項を許諾します。

種類	許諾される著作権	具体例
本書	口述権	○本書所有者に向けた読み上げ ×本文の複写・電子化
ワークシート類	複製権	○本書所有者自身の複写・印刷 　（複写・印刷の委託も許諾します） ×複写・印刷したものの本書所有者以外への配布
スライド	複製権 翻案権 上映権 二次的著作物の利用権	○本書の要約や使いやすいように編集したスライドの作成 ○本書所有者に向けた投影 ○指定サイトでのスライドの再配布 ×本書所有者以外への投影 ×スライドの印刷および配布 ×指定サイト以外でのスライドデータの再配布（自身で改変したものも含む）
YouTube動画	上映権	○本書所有者に向けたストリーミング再生の投影・上映 ×本書所有者以外への投影・上映 ×ダウンロード
研修ガイド	複製権	○本書所有者自身の複写・印刷 ×複写・印刷したものの本書所有者以外への配布

※上記以外での活用をお考えの方は、株式会社エイチ・アール・ディー研究所にお問い合わせください。著作権の侵害がある、お問い合わせのない研修実施に関しましては、株式会社エイチ・アール・ディー研究所正規研修実施費用の同額を申し受けます。

■ 本書限定ダウンロード

　以下のダウンロードサイトからは、本書ストーリーを再現した動画、ワークシート一式、より詳しい研修の進め方についての研修用スライド、講師ガイドが用意されていますので、ご活用ください。

読者限定　"部下を育てるPDCA"シリーズ
サポートホームページ　http://www.hrdins.co.jp/bspdca/

著者略歴

吉岡　太郎（よしおか　たろう）

株式会社エイチ・アール・ディー研究所 主席研究員
1995年東京大学大学院修了。ウィルソン・ラーニングワールドワイド株式会社にて、パフォーマンスコンサルタント／インストラクターとして、主として情報通信系、製造業系、金融業系のプロジェクトに携わる。ソリューション営業への転換プロジェクト、次世代コアリーダー育成プロジェクト、新入社員早期戦力化プロジェクトなど、数ヶ月～1年のアクションラーニング型のプロジェクトを担当。2005年からは株式会社エイチ・アール・ディー研究所にて認知科学の観点からの研修プログラムの設計・開発を行う。また、カークパトリックモデルに基づいたトラッキングシステムを開発、トレーニング内容の実践を促し、その効果をデータとして見える化。1万件を超える言動データをベースに東京大学、早稲田大学などの研究会において、ビジネスシーンでの教育の知見を提供、共有している。多くの企業内、ベンダーの人材開発の担当者にアカデミックな見地からの諸理論やデータを基礎知識として提供、ATDのCPLPの普及にも努める。共著に『部下を育てるPDCA面談』（同文舘出版）、『プロフェッショナル・トレーナーへの道』（日経BP社）。Kirkpatric Certificate Holder／CompTIA CTT+ 認定トレーナー。

■お問い合わせ
株式会社エイチ・アール・ディー研究所　http://www.hrdins.co.jp/

部下を育てるPDCA　業務指示・指導・OJT

平成30年12月13日　初版発行

著　者 —— 吉岡太郎
発行者 —— 中島治久
発行所 —— 同文舘出版株式会社

　　　　東京都千代田区神田神保町 1-41　〒101-0051
　　　　電話　営業 03 (3294) 1801　編集 03 (3294) 1802
　　　　振替 00100-8-42935
　　　　http://www.dobunkan.co.jp/

©T.Yoshioka　ISBN978-4-495-54018-0
印刷／製本：三美印刷　Printed in Japan 2018

JCOPY ＜出版者著作権管理機構 委託出版物＞
本書の無断複製は著作権法上での例外を除き禁じられています。複製される場合は、そのつど事前に、出版者著作権管理機構（電話 03-3513-6969、FAX 03-3513-6979、e-mail：info@jcopy.or.jp）の許諾を得てください。

仕事・生き方・情報を サポートするシリーズ

あなたのやる気に1冊の自己投資！

部下を育てる PDCA
面談

効率的・効果的な面談の技術

吉田繁夫・吉岡太郎著／本体 1,800円

部下のモチベーションを上げるためには、面談による一対一のコミュニケーションが効果を発揮する。部下が成長し、業務の生産性が上がる面談のノウハウを体系的に解説。社内研修にも最適の1冊

部下からも会社からも信頼される
中間管理職の教科書

"ギスギスした職場"を変えるリーダーのQ&A！

手塚利男著／本体 1,500円

動いてくれない部下、他部門との連携、職場の同調圧力……"板挟み"状態でしんどい上司が、ムリなく自然に人を動かすコツを、中卒社員からいすゞ自動車の総務部長に抜擢された著者が解説

仕事にも人生にも自信がもてる！
女性管理職の教科書

自分らしいリーダーシップを発揮しよう！

小川由佳著／本体 1,500円

完璧じゃなくても、大丈夫。働く女性が、つい一人で抱えがちな悩みや思い込みを解消して、リーダーの仕事が楽しくなるヒントがたくさん！　女性が管理職として成長していくための行動と考え方

同文舘出版

本体価格に消費税は含まれておりません。